De:

_____

Para:

_____

SER Papá

MAX LUCADO

Saboreando *esos* momentos dados por Dios

GRUPO NELSON
Una división de Thomas Nelson Publishers
Desde 1798

NASHVILLE   MÉXICO DF.   RÍO DE JANEIRO

Imágenes según número de página/artista © Shutterstock: 6/Dubova, 24/Andrey Shchekalev, 40/Deklofenak, 56/Creativa, 82/BlueOrange Studio, 91/Maryna Pleshkun, 110/altanaka, 130/BlueOrange Studio, 142/altanaka, 156/Ganna Vasylenko

Editora en Jefe: *Graciela Lelli*
Adaptación del diseño al español: *Grupo Nivel Uno, Inc.*
Diseño de la portada: *Thinkpen Design*

ISBN: 978-0-71800-113-1

Impreso en Estados Unidos de América
Printed in the United States of America

15 16 17 18 19 RRD 9 8 7 6 5 4 3 2 1

Para Jenna, Andrea y Sara. Ustedes nunca pedirán demasiado, ni me llamarán demasiado tarde, ni serán demasiado adultas. Yo siempre seré su papito.

Tan compasivo es el Señor con los
que le temen
como lo es un padre con sus hijos.

Salmos 103.13

Mis hijas ya están muy crecidas para esto, pero cuando eran pequeñas, en la cuna y con pañales, yo llegaba a casa, gritaba sus nombres y las veía venir con sus brazos extendidos y chillando de alegría.

Por los siguientes minutos hablábamos del lenguaje del cariño. Rodábamos por el suelo, les acariciaba la barriga, les hacía cosquillas y nos reíamos y jugábamos. Nos alegrábamos con la presencia del otro. No me pedían nada como no fuera: «Juguemos, papá». Yo no les exigía nada, como no fuera: «No le pegues a papá con el martillo».

Mis hijas me dejaban que las quisiera.

—*Como Jesús*

Nuestros hijos primero fueron sus hijos...
Tendemos a olvidarnos de este hecho y consideramos a nuestros hijos como «nuestros», como si tuviéramos la última palabra en cuanto a su salud y su bienestar. No la tenemos. Toda la gente le pertenece a Dios, incluyendo los pequeñitos que se sientan a nuestra mesa. Sabios son los padres que en forma regular le dan los hijos de nuevo a Dios.

—*Sin temor*

Un padre es aquel que en tu vida provee para ti y te protege.

—Todavía remueve piedras

DELEITE, MI HIJA Y YO

Recuerdo algo muy gracioso que me ocurrió cuando me disponía a comenzar el corre y corre del día, y que me obligó a mover la palanca de cambio a neutro. Justo cuando ya me había enrollado las mangas, justo cuando el viejo motor comenzaba a ronronear, justo cuando el vapor comenzaba a salir, Jenna, mi hijita recién nacida, necesitaba que la sacaran de la cuna. Le dolía el estómago. Mamá estaba en el baño, así que era el turno de papá para arrullarla.

Jenna tenía tres semanas de nacida. Al principio, intenté hacer las cosas con una mano y aguantarla con la otra. Te estás sonriendo. Lo has intentado también, ¿cierto? Tan pronto me di cuenta que aquello era imposible, también me di cuenta que no era, para nada, lo que quería hacer.

Me senté y la sostuve con su barriguita apretada contra mi pecho. Ella comenzó a relajarse. Un enorme suspiró escapó de sus pulmones. Sus quejidos se convirtieron en gorjeos. Se fue resbalando en mi pecho hasta que su orejita quedó justo sobre mi corazón. En ese instante, sus brazos se pusieron flácidos y se quedó dormida...

Adiós, agenda. Te veo luego, rutina. Regresen mañana, fechas de entrega... Hola, deleite, te doy la más cordial bienvenida.

Allí estábamos sentados, deleite, mi hija y yo. Bolígrafo en mano, libreta de notas en la espalda de Jenna. Ella nunca recordará este momento y yo nunca lo olvidaré.

—*Con razón lo llaman el Salvador*

Nunca superamos nuestra necesidad del amor de un padre. Estamos ansiosos de recibirlo.

—Gracia

Los hijos son una herencia del Señor,
*   los frutos del vientre son una recompensa.*
Como flechas en las manos del guerrero
*   son los hijos de la juventud.*
Dichosos los que llenan su aljaba
*   con esta clase de flechas.*

SALMOS 127.3–5

Si bien es cierto que el ser padres tiene
sus problemas y dificultades, ¿acaso
existe un privilegio más grande?

—Max

PAPÁS DESESPERADOS VAN A JESÚS

Jairo es el líder de la sinagoga. Eso tal vez no signifique mucho para ti y para mí, pero en los días de Cristo el líder de la sinagoga era el hombre más importante de la comunidad. La sinagoga era el centro de la religión, la educación, la dirección y la actividad social. El líder de la sinagoga era el líder religioso mayor, el profesor de mayor rango, el alcalde y el ciudadano de mayor renombre, todo eso en uno.

Jairo lo tiene todo. Seguridad de empleo. Una acogida asegurada en la cafetería. Un plan de jubilación. Golf todos los jueves y un viaje anual pago a la convención nacional.

¿Quién pudiera pedir más? Y sin embargo Jairo quiere más. *Necesita* pedir más. De hecho cambiaría todo el paquete de beneficios y privilegios por una sola seguridad: que su hija viva.

El Jairo que vemos en esta historia no es el líder cívico de visión clara, túnica negra y bien arreglado. En lugar de eso es un hombre ciego que ruega por un regalo. Cayó a los pies de Jesús «y le rogaba mucho, diciendo: mi hija está agonizando; ven y pon las manos sobre ella para que sea salva, y vivirá» (Marcos 5.23). Él no regatea con Jesús. («Hazme un favor y veré que cuiden de ti de por vida».) Él no negocia con Jesús. («Los tipos de Jerusalén están un poco irritados por causa de tus extravagancias. Te propongo algo, arréglame este problema y haré algunas llamadas...».) No presenta excusas. («Por lo general, no estoy tan desesperado, Jesús, pero tengo un pequeño problema».)

Simplemente ruega.

Existen momentos en la vida en los cuales todo lo que tengas para ofrecer no es nada en comparación con lo que necesitas recibir. Jairo se encontraba en una situación semejante. ¿Qué pudiera ofrecer un hombre a cambio de la vida de su hija? De manera que no hay juegos. No hay regateo. No hay mascaradas. La situación es absolutamente simple: Jairo está ciego ante el futuro y Jesús conoce el futuro. Por eso pide su ayuda.

Jesús, que ama un corazón sincero, accede a brindársela.

Y Dios, que sabe lo que significa perder a un hijo, da poder a tu hijo.

—*Todavía remueve piedras*

Él nunca desestima la oración de un padre. Continúa entregándole tu hijo a Dios y, en el tiempo y la forma indicados, te lo va a devolver.

—*Sin temor*

Cada año Dios hace un presente a millones de parejas: un bebe recién nacido... Las madres y los padres enfrentan una decisión. ¿Haremos a nuestros hijos según nuestra imagen? ¿O les dejaremos asumir las identidades que Dios les ha dado?

Los padres pueden como nadie abrir las puertas para que brote lo extraordinario de sus hijos. Como padres, aceleramos o retardamos, liberamos o reprimimos los dones de nuestra prole. Ellos pasarán una gran parte de su vida beneficiándose o recuperándose de nuestra influencia.

—*Cura para la vida común*

Los hijos son como el cemento fresco. Lo que se les modela, deja huellas en su carácter.

—Max

NO ES POR LAS GUARNICIONES; ES POR EL PADRE

Uno de los recuerdos más gratos de mi infancia es el saludo que le daba a mi padre al volver del trabajo. Mi madre, que trabajaba en el turno vespertino en el hospital, se iba de casa a las tres de la tarde. Papá llegaba a las tres y media. Mi hermano y yo quedábamos solos durante esa media hora con instrucciones de no salir de casa hasta que llegase papá.

Ocupábamos nuestros puestos en el sofá y mirábamos dibujos animados, siempre manteniendo un oído atento a la entrada del automóvil. Incluso el mejor «Pato Lucas» se abandona cuando escuchábamos su auto.

Puedo recordar cómo salía corriendo a encontrarme con papá y él me levantaba en sus grandes (y a menudo transpirados) brazos. Al llevarme hacia la casa, colocaba sobre mi cabeza su sombrero de paja de ala ancha y por un momento me convertía en vaquero. Nos sentábamos en el zaguán mientras él se quitaba sus engrasadas botas de trabajo (nunca se permitía entrar con ellas en casa). Cuando se las quitaba, yo me las ponía, y por un momento me convertía en arriero. Luego entrábamos y abría el recipiente donde llevaba su almuerzo. Cualquier bocadillo que le quedaba, y casi siempre parecía quedarle algo, era para que compartiésemos mi hermano y yo.

Era fabuloso. Botas, sombreros y bocadillos. ¿Qué más podría desear un niño de cinco años?

Pero supongamos por un minuto que eso fuese todo lo que recibiese, supongamos que mi papá, en lugar de venir a casa, simplemente enviase algunas cosas de regreso. Botas para que juegue con ellas. Un sombrero para que me lo ponga. Bocadillos para que coma...

No hay trato. Eso no daría resultado. Hasta un niño de cinco años sabe que es la persona, no los regalos, lo que hace que una reunión sea especial. No es por las guarniciones; es por el padre.

—*Cuando Dios susurra tu nombre*

Papá, cuando guías con tu ejemplo,
estás sembrando semillas eternas.

—Max

*El temor del Señor es un baluarte seguro
que sirve de refugio a los hijos.*

Proverbios 14.26

En aquel momento comprendí algo. Puedo mirar a mi alrededor y encontrar temor y miedo o mirar a mi papá y encontrar fe.

—No se trata de mí

EL IMPACTO DE LA PATERNIDAD

N adie me dijo que los bebés recién nacidos hacen ruidos de noche. Toda la noche. Gorjean, jadean. Gimotean y dan quejidos. Hacen sonidos con los labios y dan profundos suspiros. Mantienen al papá despierto. Por lo menos Jenna me mantuvo despierto. Yo quería que Denalyn durmiera. Gracias a un problema con unos medicamentos, el descanso de ella después de la cesárea era muy poco. Así que en la primera noche en casa con nuestra primera hija, me ofrecí de voluntario para cuidarla. Envolvimos a nuestra belleza de ocho libras y cuatro onzas [cuatro kilogramos] en una suave frazada rosada, la colocamos en su cunita y la pusimos de mi lado de la cama. Con mucha rapidez, Denalyn se durmió profundamente. Jenna siguió el ejemplo de su mamá. ¿Y papá? Este padre no sabía qué hacer con los ruidos que hacía el bebé.

Como la respiración de Jenna se hizo más lenta, acerqué mi oído a la boca de ella para ver si estaba viva. Cuando su respiración se hizo muy rápida, fui por la enciclopedia familiar médica y busqué «hiperventilación infantil». Cuando ella hacía gorgoritos y jadeaba, yo hacía lo mismo. Después de un par de horas me di cuenta de que *no tenía ni una pista sobre cómo comportarme*. Saqué a Jenna de su cama, la llevé a la sala de nuestro apartamento y me senté en una mecedora. Entonces fue cuando me invadió un tsunami de sensatez.

«Estamos a cargo de un ser humano».

No me importa lo fuerte que puedas ser. Tal vez seas un oficial de la marina que se especializa en saltar en paracaídas desde grandes alturas detrás de las líneas del enemigo. Tal vez pases todos los días tomando instantáneas decisiones millonarias en la bolsa de comercio. No importa.

Cada padre o madre se derrite en el instante en que él o ella sienten el impacto de la paternidad.

Me sucedió a mí.

¿Cómo me metí en eso? Volví sobre mis pasos. Primero fue el amor y luego el matrimonio, a continuación *hablamos* de un cochecito para bebé. Por supuesto que yo estuve de acuerdo con la idea. Especialmente cuando consideré mi papel en el proyecto. De alguna forma, durante la expansión de nueve meses del plan, la realidad de la paternidad no se me hizo clara. Las mujeres están asintiendo y sonriendo. «Nunca subestimes la densidad de un hombre», dices. Pero las madres tienen una ventaja. Cuarenta semanas de recordatorios que se mueven dentro de ellas. Nuestra reacción se produce más tarde. Pero nos llega. Y para mí llegó a la medianoche, en la quietud de nuestro apartamento en el centro de Río de Janeiro, Brasil, mientras tenía a un ser humano en mis brazos.

—*Sin temor*

Cuando pienso en alguien que me enjugaba las lágrimas, pienso en mi papá. Sus manos eran callosas y fuertes, sus dedos cortos y regordetes. Y cuando mi padre secaba una lágrima, parecía secarla para siempre. Había algo en su toque que no solo quitaba la lágrima de dolor de mi mejilla. También me quitaba el temor.

—*Aplauso del cielo*

Nadie puede enseñarle a tu hijo como puedes hacerlo tú. Ni la niñera, ni la maestra de escuela dominical, ni la tía ni el tío tiene tu autoridad. ¡Ese privilegio extraordinario es tuyo!

—Max

NINGÚN PRECIO ES DEMASIADO ALTO

Cuando nuestra hija mayor, Jenna, tenía dos añitos, se me perdió en una tienda por departamentos. En un minuto estaba a mi lado y al siguiente ya no estaba. Me llené de pánico. De repente, solo una cosa importaba: tenía que encontrar a mi hija. Me olvidé de las compras. La lista de los artículos que necesitaba pasó al olvido. Grité su nombre. No me importó lo que pensara la gente. Por unos pocos minutos, cada onza de mi energía tenía una meta: encontrar a mi hija perdida. (Y a propósito, la encontré. ¡Estaba escondida detrás de unas chaquetas!)

Ningún precio es demasiado alto que no pague un padre para recuperar a su hijo. Ninguna cantidad de energía es demasiada. Ningún esfuerzo es demasiado grande. Un padre hará todo lo que sea necesario para encontrar a su hijo o hija.

Dios hará lo mismo.

—*Y los ángeles guardaron silencio*

Escucha a tu padre, que te engendró.

Proverbios 23.22

Los hijos adoptados son hijos escogidos. Ese no es el caso de los hijos biológicos. Cuando el médico puso a Max Lucado en manos de Jack Lucado, mi papá no tenía opción de marcharse. Ninguna escapatoria. Ninguna alternativa. No podía devolverme al médico y pedir un hijo más guapo o más inteligente. El hospital hizo que él me llevara a casa.

Pero si tú fueras adoptado, tus padres te escogerían. Ocurren embarazos inesperados. ¿Pero adopciones inesperadas? Nunca oí de alguna. En un caso de adopción, los padres pudieron haber elegido distinto género, color o ascendencia. Pero te seleccionaron a ti.

Te quisieron en su familia.

—*Gracia*

TIEMPO EN EL
TALLER DE DIOS

El momento cumbre de mi carrera de niño explorador fue la carrera de autos de cajones de madera. La competencia era sencilla. Consistía en hacerse un carrito de madera y participar en una carrera cuesta abajo. Algunas de las creaciones eran muy elaboradas, completas, con volante y carrocería pintada. Otros eran solo un asiento sobre un chasis de madera con cuatro ruedas y cordeles en vez de volante de dirección. Mi plan era construir un genuino coche de turismo rojo como el que aparecía en el manual del explorador. Armado de serrucho y martillo, un atado de tablas y mucha ambición, me lancé a la tarea de ser el Henry Ford de la tropa 169.

No sé por cuánto tiempo mi padre me observó antes de interrumpir mi trabajo. Probablemente no mucho rato, puesto que mis esfuerzos no eran un buen espectáculo. El serrucho se atascaba continuamente y la madera se torcía. Los clavos se doblaban y los paneles no cuadraban. En algún punto, papá intervino misericordiosamente, me dio una palmadita en el hombro y me dijo que lo siguiera a su taller.

La pequeña casa de madera al fondo del patio era de soberanía absoluta de mi padre. En realidad, nunca había prestado atención a lo que él hacía adentro. Todo lo que sabía era que oía el zumbido de sierras, el golpear de martillos y el silbido de un trabajador contento. Guardaba allí mi bicicleta, pero nunca había notado las herramientas. Pero, además, nunca había tratado de hacer algo. El siguiente par de horas de ese día, papá me condujo al mundo mágico de los caballetes, las escuadras, las cintas métricas y los taladros. Me enseñó a trazar un plano y a medir la madera. Me explicó por qué era más sabio martillar primero y pintar después. Lo que para mí era imposible, para él era sencillo. En una tarde llegué a construir un vehículo bastante decente. Aunque no gané el trofeo, terminé sintiendo una gran admiración por mi padre. ¿Por qué? Había estado unos momentos en su taller.

—*La gran casa de Dios*

Somos amados por nuestro creador no porque intentemos agradarle y lo consigamos, o porque fallemos en hacerlo y le pidamos perdón, sino porque él desea ser nuestro padre.

—*Gracia*

«I nstruye al niño en el camino correcto, y aun en su vejez no lo abandonará» (Proverbios 22.6). Tu bebé tiene inclinaciones. Tu hijito tiene tendencias. Tu adolescente camina por una senda trazada por Dios. Disciérnela. Afírmala. Pregúntate a ti mismo, a tu esposa, a tus amistades: ¿qué hace a mi hijo único y especial? ¿En qué sobresale? ¿Qué se le hace difícil? Observa sus fortalezas y debilidades. No asumas que él o ella sea igual a ti. Ni tampoco asumas que tu hijo sea igual a otros. Tus hijos son diferentes. Descubre y deléitate en esa diferencia.

—Max

UNA LLAMADA DE PAPÁ HIZO LA DIFERENCIA

O tros sucesos de mi sexto grado se desdibujaron. No recuerdo mi escuela primaria o los planes de vacaciones de mi familia. No puedo decirte el nombre de la niña de cabello marrón que me gustaba o el director de la escuela. Pero, ¿esa tarde de primavera de 1976? Clara como el cristal.

Estoy sentado en el dormitorio de mis padres. La conversación de la cena flota en las nebulosas. Tenemos invitados, pero pido dejar la mesa. Mi madre había preparado pastel, pero no quiero postre. Sociable, no. Apetito, no. ¿Quién tiene tiempo para cháchara o pastel en este momento?

Necesito concentrarme en el teléfono.

Esperé la llamada antes de la comida. No llegó. Presté atención al sonido durante la comida. No sonó. Ahora estoy mirando fijamente el teléfono como un perro a su hueso, ilusionándome con que el entrenador de la Liga Juvenil me diga que estoy en su equipo de béisbol.

Estoy sentado sobre la cama, con mi guante muy cerca. Puedo escuchar a mis amigotes jugar afuera, en la calle. No les prestó atención. Todo lo que cuenta es el teléfono. Quiero que suene.

Los invitados se retiran. Ayudo a lavar los platos y termino mi tarea. Papá me palmea la espalda. Mamá me dice palabras cálidas. La hora de irse a la cama está cerca. Y el teléfono nunca suena. Permanece en silencio. Un doloroso silencio.

Si observamos el panorama general, no entrar en el equipo de béisbol preocupa poco. Pero un niño de doce años no puede abarcarlo en su totalidad, y era muy importante poder formar parte del equipo. Todo lo que pude pensar en esos momentos fue qué les diría a mis compañeros de clase cuando me preguntaran cuál equipo me había elegido. [...]

Bastante después de que mis esperanzas se hubiesen marchado y mi guante estuviese colgado, el timbre de la puerta sonó. Era el entrenador. Hizo parecer como si yo fuera la elección más importante y dijo que pensó que su asistente me había llamado. Solo más tarde supe la verdad. Fui su última elección. Y si no hubiese sido por un llamado de mi padre, hubiese estado fuera del equipo.

Pero mi papá llamó, y el entrenador vino, y estuve encantado de jugar.

—*Enfrente a sus gigantes*

Dirige a tus hijos por el camino correcto,
y cuando sean mayores, no lo
abandonarán.

Proverbios 22.6 NTV

Unos dientes rectos, unas calificaciones perfectas y una postura recta no se comparan con guiar a un hijo por un camino espiritual recto. El privilegio y propósito más importante de un padre es guiar a sus hijos en el camino a Cristo. Las preguntas dominantes para los padres cristianos son estas: ¿conocen mis hijos a Cristo? ¿Han probado su gracia y han encontrado consuelo en su cruz? ¿Saben que su muerte ha sido derrotada y que sus corazones tienen autoridad?

Padres, la tarea más importante es el discipulado: ayuda a tu hijo a caminar en la senda del Maestro.

—Max

AMAR AL HIJO QUE SE LE ESCAPA LA BOLA

Que se te escape una bola puede que no sea asunto serio para la mayoría de la gente, pero si tienes trece años y aspiras a jugar en un equipo profesional de baseball, es algo muy importante. No solo fue mi segundo error en el partido, sino que gracias a esto el equipo contrario anotó la carrera ganadora.

Ni siquiera regresé al banquillo. Di la vuelta en medio del parque y salté la valla. Me faltaba la mitad del camino para llegar a casa cuando papá me encontró. No me dijo ni una palabra. Se limitó a detenerse a un lado de la carretera, se inclinó en el asiento y abrió la puerta del pasajero. No hablamos. No hacía falta. Ambos sabíamos que el mundo se había terminado. Cuando llegamos a casa, me fui directo a mi cuarto, y él se fue derecho a la cocina. Al poco rato se presentó en mi habitación con galletas y un vaso de leche. Se sentó en la cama y partimos juntos el pan. Un poco más tarde, mientras mojaba las galletas en la leche, comencé a darme cuenta de que la vida y el amor de padre iban a continuar. En el esquema mental de un muchacho adolescente, si amas al chico al que se le escapó la bola es que lo amas de verdad. Mi habilidad como jugador de baseball no mejoró, pero sí la confianza en el amor de mi padre. Mi padre no dijo ni una palabra. Pero hizo acto de presencia. Me escuchó. Para sacar el máximo partido de otros, haz lo mismo.

—*Un amor que puedes compartir*

Momentos consoladores de un padre. Como padre, puedo decirte que son los momentos más dulces de mi día.

—Aplauso del cielo

Es correcto llamarlo Santo; decimos la verdad cuando lo llamamos Rey. Pero cuando quieras tocar su corazón, usa el nombre que a él le gusta oír. Llámalo *Padre.*

—*La gran casa de Dios*

DIOS ES TAMBIÉN EL PADRE DE TUS HIJOS

Dios mismo es padre. ¿Qué sentimiento paternal no ha tenido? ¿Estás separado de tu hijo? También lo estaba Dios. ¿Alguien está maltratando a tu hijo? Se burlaron y acosaron al suyo. ¿Alguien se está aprovechando de tu hijo? Al Hijo de Dios le tendieron una trampa con un testimonio falso y fue traicionado por un seguidor avaricioso. ¿Estás obligado a mirar mientras tu hijo sufre? Dios miró a su Hijo en la cruz.

Además, nosotros somos hijos de Dios sufriendo en un mundo de pecado que causa estragos en nuestros cuerpos, tuerce nuestras mentes y rompe nuestras relaciones. ¿Se encoje Dios de hombros y dice: «Oh, bueno, así es la vida»? Por supuesto que no. ¿Por qué iba a tomarse la molestia de presentarse a sí mismo al mundo con el título de Padre? Comisario, Mánager y Supervisor son títulos más fríos de indiferencia. El rol de Dios no es un empleo. Es una relación. Así que Dios eligió un título de relación con el que te puedes identificar. Ahora comprendes su corazón cuando sus hijos están sufriendo.

Así que, sean cuales sean los sentimientos que tengas hacia tu hijo, Dios siente lo mismo por él. Quizá más. Sé que es difícil de creer, pero Dios conoce a tu hijo desde hace más tiempo que tú. Sufre por él desde antes de que naciera. No estás solo. Tu Padre está llorando justo a tu lado.

Dios es el Padre de tu hijo también. Así como tú lo harás todo para ayudar a tu hijo durante su dolor, Dios lo hará también.

—*Max habla sobre la vida*

«Herencia de Jehová son los hijos; cosa de estima el fruto del vientre» (Salmos 127.3 RVR1995). Antes de ser nuestros, fueron suyos. Incluso ahora que son nuestros, siguen siendo suyos.

—*Max habla sobre la vida*

Imagina la alegría que vas a sentir cuando te pares ante Cristo, flanqueado por tu esposa e hijos [...] y tu hijo diga: «Gracias, papá, por haberme hablado de Cristo».

—Max

ESTUDIA A TUS HIJOS

Por las venas de mi padre corría aceite de motor. Se ganaba la vida reparando motores en los yacimientos petroleros, y para entretenerse reparaba motores de automóvil. Él trabajaba con la grasa y los pernos como los alfareros con el barro; eran los materiales que había escogido. Papá amaba las máquinas.

Pero Dios le dio un hijo torpe para la mecánica, que no podía distinguir entre un diferencial y un disco de frenos. Mi padre trató de enseñarme. Y yo de aprender. Para ser honesto, algo aprendí. Pero más de una vez me quedé dormido debajo del auto en el que estábamos trabajando. A mí, las máquinas me anestesiaban. Pero los libros me fascinaban. Podía ir mil veces en mi bicicleta a la biblioteca. ¿Qué hace un mecánico con un hijo que adora los libros?

Conseguirle una tarjeta de la biblioteca. Comprarle unos cuantos libros para Navidad. Colocar una lámpara sobre su cama para que pueda leer por las noches. Pagar una matrícula para que su hijo pueda estudiar durante el bachillerato literatura de nivel universitario. Mi padre hizo todo eso. ¿Sabes lo que no hizo? Jamás me dijo: «¿Por qué no puedes ser mecánico como tu padre y su abuelo?». Tal vez comprendió mi inclinación. O quizás no quería que me muriera de hambre. [...] Estudia a tus hijos mientras puedas. El mayor regalo que puedes hacerles no son sus propias riquezas, sino ayudarles a revelar las suyas.

—*Cura para la vida común*

Antes de que cambies de trabajo, examina tu perspectiva sobre la vida. El éxito no lo define una plaza laboral ni una escala salarial sino el rendir al máximo en lo que mejor sabes hacer.

Los padres deben dar ese consejo a sus hijos. Decirles que hagan lo que más les gusta, con tal calidad que alguien les pague por hacerlo.

—*Cura para la vida común*

MAX LUCADO

No las esconderemos de sus descendientes;
hablaremos a la generación venidera
del poder del Señor, de sus proezas,
y de las maravillas que ha realizado.

Salmos 78.4

«SIEMPRE ESTARÉ CONTIGO»

El terremoto que sacudió a Armenia en 1989 necesitó solo de cuatro minutos para destruir a toda la nación y matar a treinta mil personas. Momentos después que el movimiento mortal hubo cesado, un padre corrió a la escuela a salvar a su pequeño hijo. Cuando llegó, vio el edificio en el suelo. Mientras buscaba en medio de aquella masa de piedras y escombros, recordó una promesa que había hecho a su hijo: «No importa lo que ocurra, siempre estaré ahí donde tú estés». Llevado por su promesa, encontró el lugar donde había estado el aula de la clase de su hijo y empezó a quitar los escombros. Llegaron otros padres y empezaron también a buscar a sus hijos. «Es demasiado tarde», le dijeron. «Usted sabe que están muertos. No se puede hacer nada». Incluso un policía le dijo que dejara de buscar.

Pero el padre no se dio por vencido. Durante ocho horas, luego dieciséis, luego veintidós y finalmente treinta y seis, buscó y buscó. Sus manos estaban destrozadas y sus fuerzas se habían agotado, pero se negaba a darse por vencido. Finalmente, después de treinta y ocho horas de angustia, removió un gran trozo de pared y oyó la voz de su hijo. Le gritó: «¡Arman! ¡Arman!». Y una voz le respondió: «¡Papi, aquí estoy!». En seguida, el niño agregó estas preciosas palabras: «Les dije a los otros niños que no se preocuparan, que si tú estabas vivo, vendrías a salvarme, y al salvarme a mí, ellos también se salvarían porque me prometiste que sucediera lo que sucediera, siempre estarías conmigo».[1]

—*Cuando Cristo venga*

No puedo asegurarte que tu familia te dará alguna vez la bendición que buscas, pero sé que Dios lo hará. Deja que Dios te dé lo que tu familia no te da. Si tu padre terrenal no te da afirmación, entonces deja que tu Padre celestial ocupe su lugar.

—Max habla sobre la vida

Tal vez, al igual que José, eres papá para un niño que no es de tu carne y hueso. Quizás eres un padrastro, un papá adoptivo, un abuelo criando nietos. Si ese eres tú, entiende esto: Dios te tiene en gran estima. Él te ha llamado a llenar un espacio vacío y a representar el papel. Él te ha llamado a ser José en la vida de un niño pequeño. Ojalá hagas como hizo José... que ames tanto a ese niño que piense que eres su padre. Es posible que ese niño no tenga tus ojos ni tu nariz ni quizás tu apellido. Pero puede tener tu amor.

—Max

EL REGALO DE GRACIA DE PAPÁ

Mi padre tenía una regla sencilla acerca de las tarjetas de crédito: tener las menos posibles y pagarlas cuanto antes. Su salario como mecánico era suficiente pero no abundante y detestaba incluso el pensamiento de tener que pagar interés. Su decisión era pagar el saldo total al final de cada mes. Puedes imaginarte mi sorpresa cuando el día en que partí para la universidad me puso en la mano una tarjeta de crédito.

De pie en la entrada de la casa, con el automóvil cargado y los adioses ya dichos, me la entregó. Miré el nombre en la tarjeta; no era el mío sino el suyo. Había ordenado una tarjeta adicional para mí. Las únicas instrucciones que me dio fueron: «Ten cuidado cómo la usas». [...]

¿Mencioné que pasé varios meses sin necesitarla? Pero cuando la necesité, *realmente* la necesité. Verás, quería visitar a una amiga en otra ciudad universitaria. En realidad, era una muchacha que vivía en otra ciudad a seis horas de distancia. Un viernes por la mañana decidí faltar a clases y emprendí el viaje. Como no sabía si mis padres lo aprobarían, no les pedí permiso. Por salir apurado, olvidé llevar dinero. Hice el viaje sin que ellos lo supieran y con una billetera vacía.

Todo marchó de maravillas hasta que choqué contra la parte posterior de otro vehículo en el viaje de regreso. Usando una palanca enderecé un poco el parachoques para dejar libre la rueda delantera y poder llevar mi estropeado automóvil hasta una gasolinera. Todavía recuerdo con claridad el teléfono público donde me paré bajo el frío del otoño. Mi padre, que daba por sentado que estaba en la universidad, recibió mi llamada a cobrar y oyó mi relato. Mi historia no tenía mucho de qué alardear. Había hecho el viaje sin su consentimiento, sin dinero y había arruinado su auto.

«Pues bien», dijo después de una larga pausa, «estas cosas ocurren. Para eso te di la tarjeta. Espero que hayas aprendido la lección».

¿Que si aprendí la lección? Sin dudas que la aprendí. Aprendí también que el perdón de mi padre antecedía a mi falta. Me dio la tarjeta antes del accidente por si acaso ocurriera alguno. Hizo provisión para mi desatino antes que lo cometiera. ¿Tengo que decirte que Dios ha hecho lo mismo? Por favor, comprende. Papá no quería que chocara su auto. No me dio la tarjeta *para* que pudiera chocar el auto. Pero conocía a su hijo. Y sabía que su hijo en algún momento necesitaría gracia.

—*En manos de la gracia*

Jesús presta atención a la preocupación en el corazón de un padre o una madre. Después de todo, nuestros hijos primero fueron sus hijos.

—*Sin temor*

El amor de un padre por su hijo es una fuerza poderosa. Piensa en la pareja con su bebé recién nacido. El niño no les ofrece a sus padres absolutamente nada. Ni dinero, ni habilidades, ni palabras de sabiduría. Si tuviera bolsillos, estrían vacíos. Ver a un bebé acostado en su camita es ver a un indefenso. ¿Qué tiene como para que se le ame?

Lo que sea que tenga, mamá y papá lo saben identificar. Si no, observa la mirada de papá mientras lo acuna. O trata de causar daño o hablar mal del niño. Si lo haces, te vas a encontrar con una fuerza poderosa, porque el amor de un padre es una fuerza poderosa.

—*Él escogió los clavos*

EL COMPROMISO DE PAPÁ

Cuando tenía siete años me escapé de casa. Estaba harto de las normas de mis padres y decidí que podía arreglármelas por mi cuenta, muchas gracias. Con mi ropa en una bolsa de papel, salí por la puerta trasera hecho una furia y eché a andar por el callejón. Como el hijo pródigo, decidí que no necesitaba un padre. Al contrario que el hijo pródigo, no llegué muy lejos. Llegué al final del callejón y recordé que tenía hambre, así que regresé a casa.

Aunque la rebelión fue breve, era rebelión. Si me hubieras detenido en ese camino pródigo y me hubieras preguntado quién era mi padre, simplemente habría dicho: «No necesito un padre. Soy demasiado grande para las normas de mi familia. Solo estamos yo, yo mismo y mi bolsa de papel». No recuerdo haberle dicho eso a nadie, pero recuerdo haberlo pensado. Y también recuerdo entrar avergonzado por la puerta trasera y sentarme a la mesa de la cena frente a ese mismo padre del que había, solo un momento antes, renegado. ¿Sabía papá lo de mi insurrección? Sospecho que sí. ¿Sabía lo de mi rechazo? Los padres normalmente lo saben. ¿Aún era su hijo? Aparentemente sí. (Nadie más estaba sentado en mi lugar a la mesa.) Supongamos que, después de hablar conmigo, hubieras ido a mi padre y preguntado: «Sr. Lucado, su hijo dice que no tiene necesidad de un padre. ¿Todavía lo considera su hijo?». ¿Qué crees que habría contestado mi padre?

No necesito adivinar esa respuesta. Él se llamó mi padre aun cuando yo no me llamé su hijo. Su compromiso conmigo era mayor que mi compromiso con él.

—*Max habla sobre la vida*

En contraste directo con una cultura que resta valor a los niños, Dios les coloca en un lugar especial. «Cierto día, algunos padres llevaron a sus niños a Jesús para que los tocara y los bendijera, pero los discípulos regañaron a los padres por molestarlo. Cuando Jesús vio lo que sucedía, se enojó con sus discípulos y les dijo: "Dejen que los niños vengan a mí. ¡No los detengan! Pues el reino de Dios pertenece a los que son como estos niños. Les digo la verdad, el que no reciba el reino de Dios como un niño nunca entrará en él". Entonces tomó a los niños en sus brazos y después de poner sus manos sobre la cabeza de ellos, los bendijo» (Marcos 10.13–16 NTV).

Una vez hubo una persona en nuestro mundo que nos causó a Denalyn y a mí mucho estrés. Llamaba en mitad de la noche. Era exigente e inflexible. Nos gritaba en público. Cuando quería algo, lo quería inmediatamente, y lo quería exclusivamente de nosotros.

Pero nunca le pedimos que nos dejara en paz. Nunca le dijimos que fuera a molestar a otro. Nunca intentamos ponernos a su nivel.

Después de todo, solo tenía unos meses de edad.

Era fácil para nosotros perdonar a nuestra pequeña hija porque sabíamos que no sabía hacerlo mejor.

—*Max habla sobre la vida*

UN LLAMADO CERCANO

Recuerdo aquel día de verano brasileño como muy soleado. Denalyn y yo estábamos pasando la tarde con nuestros amigos Paul y Debbie. Su casa nos ofrecía un descanso muy bienvenido. Nosotros vivíamos muy cerca del centro de Río de Janeiro. Ocupábamos un departamento en una especie de rascacielos. Paul y Debbie vivían a una hora del centro de la ciudad donde el aire era más bien frío, las calles se veían limpias y la vida transcurría en calma. Su casa, además de hermosa, tenía piscina.

A nuestra hija Jenna, de dos años, le encantaba jugar con los hijos de ellos. Y eso era, precisamente, lo que estaba haciendo cuando se cayó. Nosotros estábamos siempre atentos a lo que hacían los niños. Habíamos recién entrado a la casa para llenar nuestros platos. Charlábamos y comíamos cuando el hijo de cuatro años de Paul y Debbie llegó y, sin ninguna preocupación como si fuera lo más natural del mundo, le dijo a su mamá:

«Jenna se cayó a la piscina». De un brinco salimos al patio. Jenna estaba flotando en el agua sin flotador ni chaqueta salvavidas. Paul se lanzó a la piscina antes que yo, la tomó y se la pasó a Denalyn. Jenna tosió y lloró por un minuto; luego, todo volvió a la normalidad. Tragedia evitada. Hija a salvo.

Imagínate nuestra gratitud. Inmediatamente formamos un círculo con los niños, oramos y cantamos en una actitud de acción de gracias a Dios. Por el resto del día, nuestros pies no tocaron el suelo, y Jenna no abandonó nuestros brazos. Incluso cuando regresamos a casa, iba agradeciendo a Dios. Miré por el espejo retrovisor para ver a Jenna durmiendo plácidamente en su silla; así que hice otra oración: *¡Dios, eres muy bueno!* De pronto, una pregunta surgió en mi pensamiento. ¿Sería de Dios o procedería de la parte mía que se esfuerza por encontrarle sentido a Dios? No sé decirlo. Pero no he olvidado la pregunta: *Si Jenna no hubiera sobrevivido, ¿seguiría Dios siendo bueno?*

Había pasado la mayor parte de la tarde proclamando la bondad de Dios. Pero, si hubiésemos perdido a Jenna, ¿habría yo llegado a la misma conclusión? ¿Es Dios bueno solo cuando el resultado lo es?

La respuesta definitiva llega en la persona de Jesucristo. ¿Quieres conocer la respuesta más clara del cielo a la cuestión del sufrimiento? Observa la cruz. Él no exige nada de nosotros que no haya experimentado por sí mismo.

¿Por qué? Porque es bueno.

—*Saldrás de esta*

Cristo protege apasionadamente a los niños. «Si hacen que uno de estos pequeños que confía en mí caiga en pecado, sería mejor para ustedes que se aten una gran piedra de molino alrededor del cuello y se ahoguen en las profundidades del mar» (Mateo 18.6 NTV).

Dios ama a los niños con una pasión protectora. Haz lo mismo. A riesgo de repetir lo obvio, decide que tus hijos lo merecen.

Ellos merecen los pañales sucios, las noches sin dormir, los presupuestos apretados y el tener que llevarlos de un lado para otro. ¡Ellos son tu misión en la vida! En poco tiempo, ya se habrán ido. ¡Guíales en el camino del Maestro, mientras puedes hacerlo! Sí, cuesta mucho, pero es mejor entrenar niños que reparar adultos.

—Max

LO QUE COMPLACE A UN PADRE

Cuando nuestras hijas eran pequeñas, Denalyn estuvo fuera por un par de días y me dejó solo con ellas. Aunque hubo las típicas riñas entre hermanas y la mala conducta ocasional, todo estuvo bien.

«¿Cómo se comportaron las niñas?», me preguntó Denalyn cuando regresó a casa. «Bien. Sin ningún problema».

Jenna escuchó mi respuesta. «No nos comportamos bien, papi», protestó. «Peleamos una vez; no hicimos lo que nos pediste otra vez. No nos portamos bien. ¿Cómo puedes decir que nos comportamos bien?».

Jenna y yo teníamos percepciones distintas de lo que complace a un padre. Ella pensaba que dependía de lo que hiciera. Yo no. Pensamos lo mismo acerca de Dios. Creemos que su amor aumenta o disminuye según nuestro desempeño. No es así. No amaba a Jenna por lo que hacía. La amaba —y todavía la amo— por a quién ella pertenece. Ella es mía.

Dios te ama por la misma razón. Él te ama por a quién perteneces: eres su hijo (Romanos 8.16).

—*Y los ángeles guardaron silencio*

Y ustedes, padres, no hagan enojar
a sus hijos, sino críenlos según la
disciplina e instrucción del Señor.

Efesios 6.4

UNA CANCIÓN PARA PAPÁ

Recuerdo, hace muchos años, cuando estaba en una conferencia en Atlanta, Georgia. Llamé a casa, y hablé con Denalyn y las niñas. Jenna, que entonces tenía cinco años, me dijo que tenía una sorpresa para mí. Se llevó el teléfono hasta el piano y comenzó a tocar una composición original.

Desde el punto de vista musical, todo estaba mal con la canción. Golpeaba las teclas más que tocarlas. Tenía más melodía al azar que ritmo. La letra no rimaba. La sintaxis era pecaminosa. Técnicamente, la canción era un fracaso.

Pero para mí, la canción era una pieza maestra. ¿Por qué? Porque Jenna la escribió para mí.

Tú eres mi papito bueno.
Te extraño mucho, mucho.
Cuando estás lejos, me siento triste y lloro.
Regresa a casa pronto, por favor.

¿A qué papá no le gustaría algo así?

—*Y los ángeles guardaron silencio*

Nuestros hijos viven en un mundo basado en el desempeño.

- Mientras mejor hacen la prueba, mejor es la calificación.
- Mientras más rápido corren, en mejor posición llegan.
- Mientras más atractivas, mejor le caen a la gente.
- Mientras más delgadas, más se hacen notar.

Día tras día, el mundo les dice a nuestros hijos: «Eres tan bueno como sea tu desempeño». ¿Cuáles son las palabras que tus hijos escuchan de ti?

—Max

BUSCA LO SAGRADO

Con frecuencia escribo avanzada la noche. No necesariamente porque me guste, sino porque la cordura solo llega a nuestra casa después del noticiero de las diez.

A partir del momento que llego a casa por la tarde hasta el minuto que me siento ante la computadora unas cinco horas más tarde, el movimiento no se detiene. Treinta segundos después de trasponer el umbral, mis dos rodillas son atacadas por dos niñas chillonas. Me ponen en los brazos un bebé cuyo cabello parece pelusa y me estampan en los labios un beso de bienvenida al hogar.

«Ha llegado la caballería», anuncio yo.

«Y por cierto que sin un minuto de sobra», responde mi esposa Denalyn, con una grata sonrisa.

Las horas que siguen traen un coro de sonidos familiares: risas, vajilla que se golpea, ruidos sobre el piso, gritos de agonía por golpes en los pies, salpicaduras al bañarse y ruidos sordos de juguetes que son lanzados a la cesta. La conversación es tan constante como predecible.

«¿Puedo comer más pastel?».

«¡Jenna tiene mi muñeca!».

«¿Puedo cargar al bebé?».

«Querida, ¿dónde está el chupete?».

«¿Hay algún camisón limpio en la secadora?».

«Niñas, es hora de dormir».

«¿Una canción más?».

Después, al fin, se detiene el huracán de todas las noches y se aplaca el rugido. Mamá mira a papá. Se evalúan los daños del día y se hace la limpieza. Mamá se va a la cama y papá se dirige al cuarto de juegos para escribir.

Es allí donde estoy ahora. Sentado, en quietud, acompañado por el golpeteo del teclado de la computadora, el aroma de café y el ritmo del lavaplatos. Lo que treinta minutos antes era una sala de juegos es ahora un estudio. Y, lo que ahora es un estudio quizás —solo digo quizás— se convierta en un santuario. Pues lo que pueda suceder en los siguientes minutos raya en lo santo.

La quietud reducirá el ritmo de mi pulso, el silencio me abrirá los oídos y sucederá algo sagrado. El suave golpeteo de los pies enfundados en sandalias romperá la quietud, una mano perforada extenderá una silenciosa invitación, y yo seguiré. Desearía poder decir que esto ocurre cada noche; no es así. Hay noches en las que él invita y yo no escucho. Otras, él invita y sencillamente no voy. Pero algunas, escucho su susurro poético: «Vengan a mí todos ustedes que están cansados y agobiados...» (Mateo 11.28) y le sigo. Dejo atrás los presupuestos, las cuentas y las fechas límite y camino con él por la senda angosta que asciende a la montaña.

—*Aplauso del cielo*

Sí, en la historia de tu familia hay algunos capítulos tristes. Pero tu historia no tiene por qué ser tu futuro. La basura generacional puede detenerse aquí y ahora. Tú no tienes que dar a tus hijos lo que tus ancestros te dieron a ti. [...]

«Dejen que Dios los transforme en personas nuevas al cambiarles la manera de pensar» (Romanos 12.2 NTV). Deja que te reemplace tu forma infantil de pensar con la verdad (1 Corintios 13.11). Tú no eres la persona que ellos decían que eras. Eres un hijo de Dios. Eres su creación. Alguien cuyo destino es el cielo. Eres parte de su familia. Deja que él te guíe por el camino de la reconciliación.

—*Saldrás de esta*

«¡QUIERO UN PAPÁ *NUEVO!*»

Hace algún tiempo, llevé a mi familia a una venta de bicicletas para comprarle una a Jenna, que tenía cinco años. Había elegido una reluciente «Starlett» con asiento tipo banana y rueditas de aprendizaje. Y Andrea, de tres años, decidió que quería una también. Le expliqué a Andrea que no tenía edad suficiente. Le dije que todavía tenía dificultades con un triciclo y que era demasiado pequeña para una bicicleta. No hizo caso; igual quería una. Le expliqué que cuando fuese un poco mayor, también recibiría una. Sencillamente se quedó mirándome. Intenté decirle que una gran bicicleta le causaría mayor dolor que placer, más raspones que emociones. Giró la cabeza sin decir palabra.

Finalmente suspiré y esta vez le dije que su padre sabía lo que más le convenía. ¿Su respuesta? La gritó con fuerza suficiente para que la escucharan todos los que estaban en el negocio:

«¡Entonces quiero un papá *nuevo*!». [...]

Andrea, con sus poderes de razonamiento de una niña de tres años, no podía creer que una bicicleta nueva fuera menos que ideal para ella. Desde su punto de vista, el que tenía el poder de conceder ese bienestar estaba «permaneciendo inmóvil».

Si has escuchado el silencio de Dios, tal vez aprendas que el problema no se trata tanto del silencio de Dios sino de tu habilidad para oír.

—*Aplauso del cielo*

Dios diseñó por anticipado los circuitos de tu hijo. Prefiguró sus puntos fuertes. Le colocó en una trayectoria. Y le entregó a ti un proyecto investigativo a realizar en dieciocho años. Pregúntate, pregunta a tu esposa y a tus amigos: ¿qué es lo que diferencia a este niño? Las tendencias en la infancia prefiguran las capacidades adultas. Debes leerlas. Discernirlas. Afirmarlas. Estimularlas.

—*Cura para la vida común*

ELLA ME LLAMÓ PAPÁ

Cuando mi hija Sara estaba en segundo grado, la llevamos a una tienda que se especializa en vender muebles sin pintar. Sara estaba especialmente entusiasmada. En algún punto del proceso Sara se enteró de que no íbamos a llevar el escritorio a casa el mismo día y la noticia la llenó de inquietud.

—Pero, papito, yo quería llevarlo a casa hoy mismo —me dijo con los ojos llenos de lágrimas.

Como punto a favor de ella, no pateó, ni exigió que se hiciera a su manera. Sin embargo, se puso en acción para hacer cambiar de parecer a su papá. Cada vez que doblaba en un pasillo estaba esperándome.

—Papito, ¿no crees que podríamos pintarlo nosotros mismos?

»Papito, quiero hacer unos dibujos en mi nuevo escritorio.

»Papito, por favor, vamos a llevarlo a casa hoy».

MAX LUCADO

Después de un rato desapareció, solo para regresar con los brazos extendidos y desbordante de entusiasmo con un descubrimiento. —Papito, ¿sabes qué? ¡Cabe en el portaequipajes del auto!

Tú y yo sabemos que una niña de siete años no tiene conciencia de lo que cabe o no cabe en un auto, pero el hecho de que hubiera medido el portaequipajes con sus brazos ablandó mi corazón. Sin embargo, el factor decisivo fue el nombre que me dio: papito.

La familia Lucado llevó el escritorio a casa ese día.

—*La gran casa de Dios*

Lo que me movió a responder es que Sara me llamó «papito». Respondí su petición porque es mi hija. Dios responde las nuestras porque somos sus hijos.

—*La gran casa de Dios*

Mi hija tiene los sentimientos heridos. Le digo que es especial. Mi hija está herida. Hago lo que sea para que se sienta mejor.

Mi hija tiene miedo. No me duermo hasta que esté segura.

No soy un héroe. No soy una superestrella. No soy raro. Soy padre. Cuando un niño sufre, un padre hace lo que le parece natural. Ayuda.

—*Aplauso del cielo*

UNA LECCIÓN DE GRACIA

«Limonada, $0,05».
La *i* es más grande que la *L*. La *m* es mayúscula; todas las demás letras son minúsculas. Las últimas dos letras, *da*, van hacia abajo porque al artista se le acabó el espacio en el afiche.

A Norman Rockwell le hubiera encantado verlo. Dos niñas sentadas en la acera en pequeñas sillas detrás de una mesita. La que tiene seis años es la cajera. Supervisa un frasco plástico con monedas. La de cuatro años es la que atiende al público. Ella se encarga del hielo. Sirve las bebidas. Acomoda y reacomoda los vasos de papel.

Detrás de ellas, sentado en el césped, está papá. Se recuesta en el tronco de un árbol y sonríe al ser testigo de la iniciación de sus hijas en el capitalismo.

El negocio ha estado bueno. Los clientes que han llegado ese sábado por la tarde casi han dejado el jarro vacío. El fondo del frasco-caja está cubierto con monedas que suman treinta y cinco centavos. Con la excepción de unos pequeños derrames, el servicio ha sido excepcional. Ni una queja. Muchas felicitaciones.

Parte del éxito, sin embargo, es resultado de una estrategia de mercadeo.

Nuestra calle no tiene mucho tráfico, así que hicimos un poco de publicidad. Mientras mis hijas pintaban un letrero, yo llamé a varias familias del vecindario y las invité a la gran inauguración de nuestro puesto de limonada. De modo que, hasta aquí, nuestra clientela había sido parcial.

Me sentía orgulloso. Me recosté en el árbol. Cerré los ojos. Encendí el radio que había traído. Y me puse a escuchar el partido de béisbol.

Entonces escuché una voz que no me era familiar.

«Quiero un vaso de limonada, por favor».

Abrí los ojos. Era un cliente. Un
cliente de verdad.

Un vecino que yo no había llamado pasó en su automóvil, vio el letrero, paró y ordenó limonada.

¡Vaya, vaya!, pensé. Ahora sí que se va a poner a prueba la calidad de nuestro servicio.

Andrea, la de cuatro años, tomó un vaso que ya había sido usado.

«Busca un vaso nuevo», le susurré.

«Ah», rio nerviosa. Y buscó uno nuevo.

Abrió el cubo de hielo, miró, y luego se volvió a mí.

«Papá, se nos acabó el hielo».

El cliente la oyó. «No importa. Lo tomaré así como está».

Tomó el jarro para llenar el vaso. Lo que salió fue una especie de sirope azucarado. «Papá, solo queda un poquito».

Nuestro cliente habló de nuevo. «Está bien. No quiero mucho».

«Espero que le guste el azúcar», dije para mí.

Le dio el vaso al cliente y él le dio un dólar. Ella se lo dio a Jenna.

Jenna se volvió a mí. «Papá, ¿qué hago?». (No estábamos acostumbrados a recibir billetes tan grandes.) Metí las manos a mis bolsillos. Estaban vacíos.

«Ah, no tenemos...», empecé a decir.

«No se preocupe», dijo el cliente, sonriendo. «Quédense con el cambio».

Sonreí avergonzado. Les dio las gracias a las niñas. Les dijo que estaban haciendo un gran trabajo. Se montó en su automóvil. Y se fue.

Vaya negocio, pensé. *Le dimos la mitad de un vaso de limonada tibia y él nos dio un cumplido y un pago veinte veces mayor.*

Había querido darles a las niñas una lección sobre la libre empresa. Y terminaron con una lección sobre la gracia.

—En el ojo de la tormenta

Ser padre me está enseñando que cuando me critican, me hieren o me asustan, hay un Padre que está dispuesto a consolarme. Hay un Padre que me sostendrá hasta que me sienta mejor, me ayudará hasta que pueda convivir con el dolor, y que no se dormirá cuando sienta temor de despertarme y ver la oscuridad. Jamás.

—*Aplauso del cielo*

No puedes controlar lo que tus hijos escuchan del mundo. Pero sí puedes controlar lo que escuchan de ti.

Cuando mi hija mayor, Jenna, tenía cuatro años. Hace un tiempo se me acercó para hacerme una confesión.

—Papá, tome un lápiz de color y rayé la pared. (Los niños me asombran por su sinceridad.)

Me senté y la puse en mi regazo, y traté de ser sabio.

—¿Y es bueno hacer eso? —le pregunté.

—No.

—¿Que hace papá cuando tú escribes en la pared?

—Me castiga.

—¿Qué crees que debe hacer papá esta vez?

—Quererme.

¿No es eso lo que todos queremos?

—*Seis horas de un viernes*

LOS PAPÁS CONOCEN EL CAMINO A CASA

Hace algún tiempo, salí a caminar con mi hija Andrea. Ella tenía cuatro años y era muy curiosa, así que salimos a explorar nuestro vecindario. «Descubramos un nuevo territorio», le sugerí. Y salimos a pasear confiadamente, más allá de la seguridad de nuestra calle sin salida y adentrándonos en zonas desconocidas.

El Capitán Kirk se habría sentido orgulloso. El área era completamente nueva para Andrea. Caminamos por calles que ella nunca había visto y acarició a perros que nunca antes había tocado. Territorio virgen. Andanzas en tierra salvaje. Los patios eran diferentes. Los niños parecían mayores. Las casas parecían más grandes.

Pensé que todos aquellos cambios podrían confundirla. Pensé que los paisajes y sonidos nuevos podrían provocarle ansiedad.

«¿Estás bien?», le pregunté.

«Claro».

«¿Sabes dónde estamos?».

«No».

«¿Sabes cómo regresar a la casa?».

«No».

«¿Y eso no te preocupa?».

Sin bajar la marcha, estiró su mano, alcanzó la mía y dijo: «Yo no tengo que saber cómo regresar a casa. Tú ya lo sabes».

—*Y los ángeles guardaron silencio*

ATRAPAR A TU HIJA

E stoy de pie a seis pasos del borde de la cama. Mis brazos extendidos. Manos abiertas. Sobre la cama, Sara, con sus cuatro años, agachada, adopta una pose cual gatito juguetón. Va a saltar. Pero no está lista. Estoy demasiado cerca.

—Más atrás, papi —de pie me desafía.

Dramáticamente accedo, confesando admiración por su valor. Luego de dar dos pasos gigantes me detengo.

—¿Más? —le pregunto.

—¡Sí! —chilla Sara, saltando sobre la cama.

Ante cada paso se ríe, aplaude y hace ademanes pidiendo más. Cuando estoy del otro lado del cañón, cuando estoy fuera del alcance del hombre mortal, cuando solo soy una pequeña figura en el horizonte, ella me detiene.

—Allí, detente allí.

—¿Estás segura?

—Estoy segura —grita ella.

Extiendo mis brazos. Una vez más ella se agacha, luego brinca. Superhombre sin capa. Paracaidista sin paracaídas. Solo su corazón vuela más alto que su cuerpo. En ese instante de vuelo su única esperanza es su padre. Si él resulta débil, se caerá. Si resulta cruel, se estrellará. Si resulta olvidadizo, dará tumbos contra el piso.

Pero no conoce tal temor. Porque a su padre sí lo conoce. Ella confía en él. Cuatro años bajo el mismo techo le han convencido de que es confiable. No es sobrehumano, pero es fuerte. No es santo, pero es bueno. No es brillante, pero no es necesario que lo sea para recordar atrapar a su hija cuando salta.

De modo que vuela.

De modo que remonta. [...]

La próxima vez que te preguntes si sobrevivirás al salto, piensa en Sara y en mí. Si un padre cabeza dura de carne y hueso como yo puede atrapar a su hija, ¿no te parece que el Padre eterno puede atraparte a ti?

—*Cuando Dios susurra tu nombre*

UNA CARTA FINAL DE UN PADRE

No había nada de extraordinario en esa carta. Ni letras en relieve, ni filigrana, ni papel especial, ni logo. Solo una hoja de papel color amarillo y tamaño legal, con la parte superior dentada después de haberla sacado del cuaderno.

Nada extraordinario en la escritura manuscrita. Así había sido siempre. Cuando niño, trataba de imitarla. Pero tú no querrías imitar esta caligrafía; te costaría mucho descifrarla. Líneas en ángulo. Letra irregular y espaciado inconstante.

Pero era lo mejor que mi padre podía hacer. El mal de Lou Gehrig había debilitado sus manos al punto que le costaba un mundo llevarse el tenedor a la boca, mucho menos escribir palabras en una página. Imagínalo escribiendo con el lápiz tomado con todos los dedos de la mano y estarás cerca de entender lo que te estoy diciendo.

Fue la última carta que nos escribió. El alzheimer y el tiempo frío estuvieron a punto de matarlo. Denalyn y yo corrimos a casa desde Brasil y pasamos un mes comiendo comida de hospital y turnándonos junto a su lecho. Se recuperó y volvimos a Sudamérica. Un día o algo así después de haber llegado, recibimos esta carta.

19 de enero de 1984

Queridos Max y Denalyn:

Nos alegramos que hayan regresado sin novedad. Ahora normalícense para retomar el trabajo. Disfrutamos de su visita hasta más no poder. Incluso las noches que pasaron conmigo.

MAX, PASE LO QUE PASE, MANTÉNGANSE SIEMPRE UNIDOS, TÚ Y DENALYN.

Bueno, no necesito seguir garabateando. Sé que saben cuánto los amo. Vivan todos ustedes buenas vidas cristianas en el TEMOR DE DIOS.

Espero volver a verlos aquí en la tierra; si no, será en el cielo.

Un montón de amor,

Papá

Me imagino a papá escribiendo esta carta. Apoyado en una cama de hospital, lápiz en mano, el cuaderno sobre las rodillas. Pensando que quizás este sería su mensaje final. ¿Habrá escogido las palabras con cuidado? Claro que sí.

¿Te puedes imaginar a ti haciendo lo mismo? ¿Puedes imaginarte tu mensaje final a tus seres amados? ¿Tus últimas palabras a un hijo o a tu esposa?

¿Qué les dirías? ¿Cómo lo dirías?

—*Él escogió los clavos*

> *Justo es quien lleva una vida sin*
> *tacha;*
> *¡dichosos los hijos que sigan su ejemplo!*
> **Proverbios 20.7**

En una ocasión le pregunté a mi papá lo que él pensaba que yo debía hacer cuando llegara a adulto. Él era mecánico. Su papá era mecánico. Tres de sus hermanos trabajaban con motores. Esperarías que me hubiera presionado a hacer lo mismo. Pero él me había visto cambiando aceite de motor. Él sabía más que eso. Así que respondió: «Haz lo que te guste hacer». Palabras como esas liberan a un niño.

—Max

TODOS NECESITAMOS UN PADRE

Cuando mi hija Jenna tenía doce años, ella y yo pasamos varios días en la antigua ciudad de Jerusalén. (Prometí llevar a cada una de mis hijas a Jerusalén al cumplir los doce años. Tomé la idea de José.) Una tarde, al salir por la puerta de Gaza, nos encontramos detrás de una familia judía ortodoxa, el padre con sus tres hijas pequeñas. Una de las hijas, de cuatro o cinco años de edad, se atrasó unos cuantos pasos y no podía ver a su padre. «¡*Abba!*», lo llamó. Él se detuvo y miró. Solo entonces se dio cuenta que estaba separado de su hija. «*Abba*», volvió a llamar. Él la localizó e inmediatamente le tendió la mano. Ella le tomó la mano y yo tomé nota mentalmente mientras ellos siguieron su camino. Quería ver las acciones de un *abba*.

Él la tenía firmemente tomada de la mano mientras descendían por la rampa. Cuando se detuvieron en una calle de mucho movimiento, ella se bajó de la acera, entonces él la hizo retroceder. Cuando cambió la señal del tránsito, les permitió a ella y a sus hermanas cruzar la intersección. En medio de la calle, se agachó, levantó la niña en brazos y siguieron su camino.

¿No es eso lo que todos necesitamos? ¿Un *abba* que nos oiga cuando lo llamamos? ¿Quién nos llevará de la mano cuando nos sintamos débiles? ¿Quién nos guiará por las turbulentas encrucijadas de la vida? ¿No necesitamos todos un *abba* que nos tome en brazos y nos lleve a casa? Todos necesitamos un padre.

—*La gran casa de Dios*

Padres, no podemos proteger a nuestros hijos de todas las amenazas de la vida, pero podemos llevarlos a la Fuente de la vida. Podemos entregar con confianza nuestros hijos a Cristo.

—Sin temor

UN REGALO PARA MIS HIJAS

R ecuerdo cuando el torbellino de la adolescencia corría libremente por nuestra casa, trayendo con él una buena porción de dudas, acné y presión de los compañeros. No podía proteger a las chicas de los vientos, pero sí podía darles un ancla para sostenerse en medio de la niebla. El día de San Valentín de 1997 escribí lo siguiente, y lo enmarqué para cada una de mis hijas:

Tengo un regalo especial para ti. Mi regalo es calidez en las noches, tardes iluminadas de sol, risas, besos y sábados felices.

Pero ¿cómo te doy este regalo? ¿Hay alguna tienda donde vendan risas? ¿Un catálogo que ofrezca besos? No. Un tesoro como ese no puede comprarse. Pero sí puede darse. Y así es como voy a dártelo.

Tu regalo del día de San Valentín es una promesa; la promesa de que siempre voy a amar a tu madre. Con la ayuda de Dios, nunca la abandonaré. Nunca llegarás a casa y descubrirás que me fui. Nunca despertarás y descubrirás que huí. Siempre nos tendrás a los dos. Amaré a tu madre. La honraré. Cuidaré de ella. Esta es mi promesa. Este es mi regalo.

Con todo mi amor, papá.

—Un amor que puedes compartir

Como padres quizás hemos sido demasiado rígidos. Recuerdo cuando mis hijas estaban en la edad en que los jovencitos empiezan a conducir automóvil. Parece que fue ayer que les estaba ayudando a aprender a caminar y ahora ya están detrás del volante de un automóvil. Es sorprendente. Estoy pensando seriamente en mandar a hacer una calcomanía especial para el auto de Jenna que diga: «¿Cómo manejo? Llame al 1-800-mi-papá».

—*Él escogió los clavos*

TRIUNFA PRIMERO EN TU HOGAR

Los silenciosos héroes salpican el paisaje de nuestra sociedad. No llevan puestas medallas ni besan trofeos, sino que muestran las regurgitaciones y besan las lastimaduras. Ellos no escriben los titulares, pero cosen la línea de los dobladillos, chequean los resúmenes de las noticias y se postulan para trabajos complementarios. No encontrarás sus nombres en la lista de los Nobel, pero sí en la sala de clase, en la lista de viajes compartidos y en la lista de la maestra de la Biblia.

Son padres, por sangre y por el acto de serlo, apellido y calendario. Héroes. Los programas de noticias no los llaman. Pero está bien. Porque sus hijos sí. Las llaman mamá, los llaman papá. Y esas mamás y papás, más valiosos que todos los ejecutivos y legisladores del oeste del río Mississippi, mantienen en silencio al mundo unido.

Está tú entre ellos. Léeles libros a tus hijos. Juega a la pelota mientras puedas o ellos quieran. Proponte mirar cada partido que jueguen, lee cada historia que escriban, escucha cada recital del que formen parte. Los niños deletrean amor con seis letras: T-I-E-M-P-O. No solo calidad de tiempo, sino tiempo sostenido, tiempo inactivo, cualquier tipo de tiempo, todo el tiempo. Tus hijos no son tu *hobby*, son tu motivo. [...] Quiere al niño que comparte su apellido.

Triunfa primero en tu hogar.

—*Enfrente a sus gigantes*

Nunca te pierdas la oportunidad de leer una historia a un niño.

—*Cuando Dios susurra tu nombre*

La disciplina es parte esencial de la crianza. Si bien es cierto que Dios la fomenta, él también invita a que la apliquemos de una forma madura. He aquí las cuatro reglas para la disciplina:

1. *Sé cuidadoso.* Apresúrate a interrumpir el mal comportamiento, pero no tengas prisa en castigarlo. Pon al niño en un tiempo de castigo mientras ambos se calman. El castigo jamás es una licencia para la crueldad. Si estás disfrutando la administración de la disciplina, tienes que parar.

2. *Sé consistente.* El castigo tiene que corresponder a la acción. Busca discernir la causa de la acción. ¿Qué motivó esta conducta? Una cosa es tirar la puerta como una falta de respeto. Otra es tirarla porque el camión de helados está en la calle. Olvidar limpiar el cuarto es una cosa; pararse en seco y negarse a hacerlo es otra. Los descuidos son infracciones menores. La rebelión es un delito mayor.

3. *Sé claro.* Explica el castigo y cuál fue la ofensa. No asumas que el niño entiende. No castigues

a un niño por ser «malo». Tal vez el niño hizo algo malo, pero eso no quiere decir que es un niño malo.

4. *Sé compasivo.* Un error no hace a un niño. Una temporada de desobediencia no define a un niño. «[El amor] no guarda rencor» (1 Corintios 13.5). Pero el amor sí mantiene un registro de las cosas bien hechas.

—Max

*El padre del justo experimenta gran
   regocijo;
   quien tiene un hijo sabio se solaza en él.*

Proverbios 23.24

UNA VIDA BIEN VIVIDA

Hace años, en un viaje a mi ciudad natal, tomé algo de tiempo para ir a ver a un árbol. «Un roble vivo», mi papá lo había llamado (con el acento en «vivo»). No era más que un renuevo, tan delgado que podía rodearlo con mi mano y tocar mi dedo del medio con el pulgar. El viento del oeste de Texas esparció las hojas otoñales y provocó que cerrara la cremallera de mi abrigo. No hay nada más frío que el viento de pradera, especialmente en un cementerio.

«Un árbol especial», me dije, «con una tarea especial». Miré a mi alrededor. El cementerio estaba rodeado de olmos, pero no de robles. El suelo estaba salpicado con lápidas, pero no con árboles. Solo este. Un árbol especial para un hombre especial.

Al principio, papá comenzó a notar un debilitamiento constante de sus músculos. Empezó en sus manos. Luego lo sintió en sus pantorrillas. Luego sus brazos adelgazaron un poco.

Papá le habló de su condición a mi cuñado, que es médico. Mi cuñado, alarmado, lo envió a un especialista. El especialista condujo una larga batería de pruebas —sangre, neurológicas y musculares— y llegó a su conclusión. Enfermedad de Lou Gehrig. Una condición degenerativa devastadora. Nadie conoce la causa ni la cura. Lo único que sí es seguro sobre ella es su crueldad y su precisión.

Recuerdo haber mirado al suelo, al pedazo de tierra que un día contendría la tumba de mi padre. Papá siempre había deseado que lo enterraran debajo de un roble, así que compró este. «Un pedido especial desde el valle», había presumido. «Tuve que solicitar un permiso especial del ayuntamiento para sembrarlo aquí». (Aquello no fue difícil en este polvoriento pueblo petrolero donde todo el mundo conoce a todo el mundo.)

El nudo en mi garganta se apretó un poco más. Un hombre inferior habría sentido coraje. Otro hombre se habría rendido. Pero papá no lo hizo.

Él sabía que sus días estaban contados, así que comenzó a poner su casa en orden.

El árbol fue solo uno de los preparativos que hizo. Hizo mejoras a la casa para mamá, instalando un sistema de riego y una puerta en el garaje, y pintó el alero. Actualizó su testamento. Verificó las pólizas de seguro y de retiro. Compró algunas acciones para que fueran al fondo educativo de sus nietos. Planificó su funeral. Compró tierra en el cementerio para él y para mamá. Preparó a sus hijos con palabras de afirmación y cartas de amor. Y, por último, compró el árbol. Un roble vivo. (Pronunciado con acento en «vivo».)

Acciones finales. Horas finales. Palabras finales.

El reflejo de una vida bien vivida.

—*Con razón lo llaman el Salvador*

En la violencia del mal tiempo necesitamos una fuerza externa. Necesitamos un guía al que no le afecten las tormentas. No hagas caso a tus amigos. Haz caso a tu Padre.

—Max habla sobre la vida

Visualiza un padre que ayuda a su hijo a aprender a montar en bicicleta. El padre se queda al lado del hijo. Empuja la bici y la endereza si el chico empieza a tambalearse. El Espíritu hace lo mismo por nosotros; se queda a nuestra altura y fortalece nuestros pasos. Al contrario que el padre terrenal, que en un momento dado suelta la bici y deja que su hijo recorra el camino por sí solo, el Espíritu Santo nunca se va. Está con nosotros hasta el final de los días.

—*Max habla sobre la vida*

TUS HIJOS TE NECESITAN POR LO QUE ERES

No queda mucho tiempo en el reloj de arena. ¿Quién lo aprovechará?

Sabes de lo que estoy hablando, ¿verdad? [...]

«La Asociación de Padres y Maestros necesita un nuevo tesorero. Usted con su trasfondo y experiencia y talento y sabiduría y amor por los niños y su título de contador, ¡es la persona perfecta para el puesto!».

«Va a ver cierto movimiento en las posiciones. Con el retiro del gerente de sucursales, alguien va a tener que ascender a ese puesto. La empresa está buscando a un vendedor joven y brillante, alguien como usted que esté dispuesto a demostrar su entrega a la compañía haciéndose cargo de algunos proyectos adicionales... y trabajando algunas horas en la noche». [...]

Es uno de esos juegos en que halan una cuerda por ambos lados, y tú eres la cuerda.

En uno de los lados están los pedidos de tu tiempo y energía. Llaman. Elogian. Todo es válido y bueno. Grandes oportunidades para hacer cosas buenas. Si fuera algo malo sería fácil decir que no. Pero no es así, por lo que es fácil racionalizar.

En el otro lado están los seres amados de tu mundo. Ellos no escriben cartas. No te dicen que consultes tu agenda. No ofrecen pagarte los gastos. No usan expresiones tales como «nombramiento», «involucrarse» o «almorzar». Ellos no te necesitan por lo que puedes hacer por ellos, te necesitan por lo que eres.

—*En el ojo de la tormenta*

El quinto mandamiento no dice: «Honra a tu padre y a tu madre temerosos de Dios que tengan una cosmovisión cristiana». Dice: «Honra a tu padre y a tu madre» (Éxodo 20.12). Punto. No hay especificación de sus creencias. Así que hónralos al menos escuchando lo que tengan que decir.

—*Max habla sobre la vida*

NO COMETAS EL MISMO ERROR QUE DAVID

David triunfó en todas partes, excepto en su hogar. Y ¿si no triunfas en tu hogar, no eres exitoso? David podría haberse beneficiado del consejo del apóstol Pablo en Efesios 6.4: «Y ustedes, padres, no hagan enojar a sus hijos, sino críenlos según la disciplina e instrucción del Señor».

¿Cómo nos explicamos el desastroso hogar de David? ¿Cómo nos explicamos el silencio de David respecto de su familia? No hay salmos escritos sobre sus hijos. Seguramente, de todas sus esposas, una fue digna de un soneto o una canción. Pero nunca habla de ellas.

Aparte de la oración que ofreció por el hijo de Betsabé, nunca ora por su familia. Ora por los filisteos, por sus guerreros. Ofreció ruegos por Jonatán, su amigo, y por Saúl, su principal rival. Pero en lo que concierne a su familia, es como que nunca existió.

¿Estaba muy ocupado como para darse cuenta? Quizá. Tenía una ciudad para establecerse y un reinado que construir.

¿Era demasiado importante como para cuidar de ellos? «Deja a las mujeres criar a los niños, yo conduciré la nación».

¿Era demasiado culpable como para dirigirlos? Después de todo, ¿cómo podía David, que había seducido a Betsabé e intoxicado y matado a Urías, corregir a sus hijos cuando violaron y mataron?

Demasiado ocupado, demasiado importante, demasiado culpable. ¿Y ahora? Ahora es demasiado tarde. Existe una docena de demasiado tardes. Pero no es demasiado tarde para ti. Tu hogar es un privilegio del tamaño de un gigante; tu altísima prioridad. No cometas el trágico error de David.

—*Enfrente a sus gigantes*

Los padres adoptivos comprenden la pasión de Dios al adoptarnos. Saben lo que es sentir interiormente un espacio vacío. Saben lo que es buscar, salir con una misión y asumir la responsabilidad de un niño con un pasado manchado y un futuro dudoso. Si alguien entiende la pasión de Dios por sus hijos, es alguien que ha rescatado a un huérfano de la desesperación porque eso es lo que Dios ha hecho por nosotros.

—*La gran casa de Dios*

El Espíritu de Dios es como un padre que camina de la mano con su hijo pequeño. El niño sabe que pertenece a su papá al ver su mano diminuta felizmente confundida en la grande. No siente incertidumbre alguna sobre el amor de su papá. De repente el padre, por algún impulso que le motiva, lanza a su pequeño al aire, lo recibe en sus brazos y dice: «Te amo, hijo». Estampa un beso sonoro en su mejilla rosada y redonda, vuelve a bajarlo al suelo y los dos siguen caminando juntos.

¿Ha cambiado en algo la relación entre ambos? En cierto nivel, no. El padre no es más padre que antes de su expresión espontánea de amor. No obstante, a un nivel más profundo, sí. El padre secó, empapó y saturó al hijo con puro amor. El Espíritu de Dios hace lo mismo con nosotros.

—*Acércate sediento*

«TODO ESTÁ BIEN»

«Max, tu papá está despierto». Yo había estado mirando una película por televisión. Era una de esas películas de suspense que lo saca a uno del aquí y ahora, lo transporta a algún lugar y a alguna vez. La afirmación de mi madre parecía provenir de otro mundo... el mundo real.

Me volví hacia mi padre. Me estaba mirando.

Había hecho girar su cabeza todo lo que podía. Su grave enfermedad le había drenado sus movimientos, quitándole todo excepto su fe... y sus ojos.

Fueron sus ojos los que me llamaron a acercarme al lado de su cama. Yo tenía ya dos semanas de estar en casa, con un permiso especial para ausentarme de Brasil a causa de su condición cada vez peor. Él había estado durmiendo durante la mayor parte de los últimos días y se despertaba solo cuando mi madre lo bañaba o le cambiaba las sábanas.

Junto a su cama había un respirador, un metrónomo de la mortalidad que le bombeaba aire a los pulmones a través de un agujero en la garganta. Los huesos de su mano estaban resaltados como las varillas de un paraguas. Sus dedos, antes firmes y fuertes, estaban encogidos y sin vida. Yo me senté al borde de su cama y le pasé mis manos por su tórax. Le pasé mi mano en la frente. Estaba caliente... caliente y mojada. Le acaricié el pelo.

—¿Qué sucede, papá?

Quería decirme algo. Sus ojos mostraban un ansia. Sus ojos se negaban a soltarme.

Si por un momento yo miraba en otra dirección, ellos me seguían y todavía me estaban mirando cuando yo volvía mi mirada hacia él.

—¿Qué sucede?

Ya antes había visto esa expresión. Yo tenía siete años, ocho cuando más. Por primera vez estaba de pie sobre la orilla de un trampolín preguntándome si sobreviviría a la zambullida. El trampolín se doblaba al peso de mis treinta kilos. Miré hacia atrás, a los niños que me estaban presionando para que me apurara y saltara. Me pregunté qué harían si yo les pedía que se quitaran para bajarme. Supuse que me apalearían.

De modo que, atrapado entre la opción de hacer el ridículo y la de saltar hacia una muerte segura, hice lo único que se me ocurrió hacer: ponerme a temblar.

Entonces le oí decir:

—Todo está bien, hijo, tírate.

Miré hacia abajo. Mi padre ya se había sumergido. Estaba sosteniéndose a flote, esperando mi salto. Incluso ahora que escribo, puedo ver su expresión: rostro bronceado, pelo mojado, amplia sonrisa y ojos brillantes. Sus ojos trasmitían confianza y seriedad. Si no hubiera dicho una palabra, sus ojos habrían trasmitido el mensaje. Pero sí habló:

—Salta, todo está bien.

Así que salté.

Veintitrés años después, el rostro había perdido su color bronceado; el pelo estaba ralo y la cara estirada. Pero los ojos no habían cambiado. Seguían mostrando osadía. Y su mensaje tampoco había cambiado. Yo sabía lo que él estaba diciendo. Por alguna razón sentí miedo. Por alguna razón él percibía que yo estaba temblando al mirar la profundidad. Y por alguna razón él, el moribundo, tuvo la fuerza para confortarme a mí, el que seguía viviendo.

Le puse mi mejilla en su mejilla hundida. Mis lágrimas gotearon sobre su rostro ardiente. Dije suavemente lo que su garganta quería decir y no podía:

—Está bien —susurré—. Todo va a estar bien.

Cuando levanté mi cabeza, él tenía los ojos cerrados. Nunca más los vería abrirse.

Me dejó con una mirada final. Una última afirmación de los ojos. Un mensaje de adiós, de parte del capitán, antes que el barco zarpara. Una palabra final de un padre que quiere infundir seguridad a su hijo: —Todo está bien.

—Seis horas de un viernes

Es mucho más fácil morir como Jesús si has vivido como él por toda una vida.

—Con razón lo llaman el Salvador

¿QUÉ ES LO QUE MÁS IMPORTA?

Hace algunos años fui testigo de un padre que estaba tomando con seriedad esta prioridad durante un servicio dominical matutino. Cuando tomamos la Cena del Señor, escuché una vocecita preguntando: «¿Qué es eso, papá?». El padre explicó el significado del pan y luego ofreció una oración. El niño permaneció callado hasta que pasaron la copa. Entonces preguntó de nuevo: «¿Qué es eso, papá?». El padre comenzó de nuevo, explicándole la sangre y la cruz, y la forma en que el vino simboliza la muerte de Jesús. Entonces oró.

Me sonreí ante la enorme tarea que estaba enfrentando el padre. Cuando me di vuelta para asentir con la cabeza, me di cuenta de que el padre era David Robinson, jugador de baloncesto de la NBA (Liga nacional de baloncesto, por sus siglas en inglés) para el equipo San Antonio Spurs. Sentado en sus rodillas estaba su hijo de seis años, David.

Menos de veinticuatro horas antes, David había guiado al equipo a una victoria en las semifinales contra el equipo de los Phoenix Suns. En unas veinticuatro horas David estaría de vuelta en la ciudad de Phoenix, haciendo lo mismo. Pero en medio de los dos importantes partidos que fueron televisados en toda la nación, estaba David el papá. No David el jugador más valioso, o el que había ganado una medalla de oro olímpica, sino David el padre, explicándole la Santa Cena a David el hijo.

De todos los acontecimientos de ese fin de semana, ¿cuál tuvo más importancia? ¿Los partidos de baloncesto o el servicio de la Santa Cena? ¿Cuál tendrá consecuencias eternas? ¿Los puntos anotados en la cancha? ¿O el mensaje expresado en la iglesia? ¿Cuál influirá en la vida del jovencito David? ¿Mirar a su papá jugar al baloncesto o escucharlo musitar una oración?

—*Sin temor*

S i tus hijos tienen una fe como la tuya, ¿qué tipo de fe tendrán?

Padres, ¿qué es lo que sus hijos están aprendiendo de su adoración? ¿Ven el mismo entusiasmo como cuando van a ver un partido de baloncesto? ¿Te ven prepararte para la adoración como cuando te preparas para salir de vacaciones? ¿Ven en ti hambre al llegar, buscando la cara del Padre? Te ven contento de salir de la manera como llegaste?

Están observándote. Créeme. Están observándote.

¿Vienes a la iglesia con un corazón con hambre de adorar? Nuestro Salvador lo hizo.

¿Puedo instarte a que seas como Jesús? Prepara tu corazón para la adoración. Deja que Dios cambie tu cara mediante la adoración. Demuestra el poder de la adoración.

—*Como Jesús*

Pues si ustedes, aun siendo malos, saben
dar cosas buenas a sus hijos, ¡cuánto más
su Padre que está en el cielo dará cosas
buenas a los que le pidan!

Mateo 7.11

DÍA DEL PADRE:
UN TRIBUTO

Hoy es el Día del Padre. Un día de colonias de baño. Un día de abrazos, de corbatas nuevas, de llamadas telefónicas de larga distancia, y de tarjetas con textos impresos.

Recuerdo mi primer Día del Padre sin tener a mi padre. Quizás tú también recuerdas el tuyo.

Durante treinta y un años tuve un padre. Tuve uno de los mejores padres que puede haber. Pero se ha ido. Está enterrado bajo un roble en un cementerio al oeste de Texas. Si bien él se ha ido, su presencia se siente muy cercana... especialmente hoy.

Parece raro que él no esté aquí. Supongo que la razón es que nunca salía. Siempre estaba cerca. Siempre estaba dispuesto a ayudar. Siempre presente. Sus palabras no eran nada novedosas. Sus logros, aunque dignos de admiración, no eran tan extraordinarios.

Pero su presencia sí lo era.

Como un caluroso hogar con leños encendidos en una casa grande, él era una fuente de consuelo. Como una sólida hamaca de jardín, o como un olmo de grandes ramas en el traspatio, se le podía hallar siempre... y depender de él.

Durante los años turbulentos de mi adolescencia, papá fue una parte de mi vida con la que se podía contar. Novias aparecían y novias desaparecían, pero papá estaba allí. El entusiasmo por el fútbol americano dejaba lugar al béisbol y volvía la temporada del fútbol americano, y papá siempre estaba allí. Vacaciones de verano, noviecitas, álgebra, primer automóvil, básquetbol en frente de la casa... todo tenía una cosa en común: su presencia.

Y porque él estaba allí, la vida transcurría serenamente. El auto siempre andaba bien, las cuentas se pagaban y el césped estaba siempre podado. Porque él estaba allí, la risa era fresca y el futuro parecía seguro. Porque él estaba allí, mi crianza fue lo que Dios quiere que sea el tiempo de crecer: corretear como en los cuentos a través de la magia y el misterio del mundo.

Porque él estaba allí, nosotros los hijos nunca nos preocupábamos por cosas tales como impuestos, depósitos bancarios, cuotas mensuales o hipotecas. Esas eran cosas para el escritorio de papá.

Tenemos muchísimas fotografías de la familia en las que él no aparece. No porque él no estuviese con nosotros, sino porque estaba detrás de la cámara fotográfica. Él tomaba las decisiones, ponía fin a las peleas, se leía el periódico todas las tardes y preparaba el desayuno los domingos.

No hacía nada fuera de lo común. Nada
ni más ni menos de lo que deben hacer
los papás: estar ahí.

Él me enseñó a afeitarme y a orar. Él me ayudó a memorizar versículos para la clase dominical y me enseñó que el mal debe ser castigado y que el bien lleva su propia recompensa. Él demostró con su ejemplo la importancia de levantarse temprano y de estar libre de deudas. Su vida fue la expresión de ese equilibrio escurridizo entre la ambición y la aceptación de las limitaciones personales.

Viene a mi memoria a menudo. Cuando huelo *Old Spice* después de afeitarme, pienso en él. Cuando veo un bote de pesca, veo su cara. Y de vez en cuando, no muy a menudo, pero alguna vez que oigo un buen chiste le oigo una risa entre dientes. Él tenía derechos de autor sobre una risita que siempre venía acompañada de una sonrisa extendida de lado a lado y cejas levantadas.

Papá nunca me dijo ni una palabra acerca del sexo ni me contó la historia de su vida. Pero yo sabía que, si yo quisiera saber, él me lo diría. Lo único que yo necesitaba hacer era preguntarle. Y yo sabía que si alguna vez lo necesitara, él estaría conmigo.

Como un caluroso hogar.

Quizá por eso este Día del Padre estuvo un poco enfriado. Se ha apagado el fuego. Los vientos de la edad se tragaron la última llama dejando solo brasas doradas. Pero hay algo extraño acerca de esas brasas: se remueven un poco y una llama comienza a danzar. Danzará muy brevemente, pero danzará. Y le cortará al ambiente un poco de esa frialdad como para recordarme que todavía... de un modo especial, él está muy presente.

—*Dios se acercó*

Dios ha probado
ser un padre fiel.
Ahora nos toca
a nosotros ser
hijos confiados.

—Todavía remueve piedras

APARECER

A medida que Dios bendecía mi ministerio me iban llegando más y más llamadas de todo el mundo, y querían que hablara en iglesias, conferencias e inauguraciones de supermercados. Era difícil decir que no al principio. Sentía que cada oportunidad venía de Dios.

Finalmente me di cuenta de que cada vez decía que sí a algo tenía que decir que no a otra cosa. Se llama la Ley de dinámica inversa del sí de Max. *¡Observa!* Dice esto: con cada sí de tu calendario, hay un no como reacción igual y opuesta.

Cuando digo que sí a otra conferencia, digo que no a otra cena familiar.

Cuando digo que sí a otra reunión, digo que no al partido de voleibol de mis hijas.

Cuando digo que sí a otra gira de libro, digo que no a dar un paseo con mi mujer.

Entonces, ¿cómo les demostramos a las personas que las amamos y creemos en ellas? Hay muchas maneras de expresar esos sentimientos: afirmaciones verbales, cartas de amor, llamadas telefónicas, incluso un mensaje de texto que diga: «Estoy pensando en ti». Todas están bien, pero hay una que es la mejor. Hablé sobre ella en mi libro *Un amor que puedes compartir*:

¿Crees en tus hijos? Entonces demuéstralo. Ve a sus partidos. Ve a sus obras de teatro. Ve a sus recitales. Puede que no te sea posible ir a todo, pero seguro que vale la pena el esfuerzo... ¿Quieres sacar lo mejor de alguien? Entonces ve.

Ahora que todas mis hijas han crecido, créeme, me alegro de haber tomado la decisión de ir antes de que fuera demasiado tarde. Ahora (mientras empieza a sonar «Cat's in the Cradle» de fondo) echo de menos aquellas reuniones de profesores y padres y ver esos volcanes de papel maché en la feria de ciencias y sentarme en las gradas en el gran encuentro de voleibol, aunque estuvieran en el banquillo todo el tiempo.

Cuando se trata de los hijos y la familia es mucho más fácil recuperar dinero que recuperar el tiempo perdido.

—Max habla sobre la vida

A medida que Dios se revelaba a sus hijos, ellos lo veían como algo más que una fuerza poderosa. Lo veían como Padre amante que estaba con ellos en todas las encrucijadas de la vida.

—La gran casa de Dios

CONFIAR EN LA FUERZA DE PAPÁ

El equipo Hoyt consiste en un escuadrón de padre e hijo: Dick y Rick. Ellos corren carreras. Muchas carreras. Sesenta y cuatro maratones. Doscientos seis triatlones. Seis triatlones de categoría Ironman. Doscientas cuatro carreras de 10 mil millas. Desde 1975 han cruzado más de dos mil líneas de meta. También atravesaron Estados Unidos de América. Les tomó cuarenta y cinco días para correr y pedalear 6.012 kilómetros, pero lo lograron.

Al equipo Hoyt le encantan las carreras. El problema es que únicamente la mitad del equipo Hoyt puede correr. Dick, el papá, puede. Pero las piernas de Rick no funcionan y lo mismo le sucede a su habla. Cuando nació en 1962 el cordón umbilical se le enredó en el cuello y obstruyó el paso de oxígeno al cerebro, lo cual resultó en la pérdida de coordinación de sus movimientos corporales. Los doctores no le dieron esperanza de superación.

Dick y su esposa Judy estuvieron en desacuerdo con el dictamen médico. Aunque no podía bañarse, vestirse ni alimentarse por sí solo, Rick podía pensar. Sus padres sabían que era inteligente y por eso lo mandaron a la escuela pública, de la cual se graduó. Luego entró a la universidad y volvió a graduarse.

Pero Rick quería correr. A los quince años le preguntó a su papá si podían participar en una carrera caritativa de ocho kilómetros. Dick no era corredor pero era padre, así que colocó a su hijo en una silla especial de tres ruedas y la emprendieron. Desde entonces no se detienen.

El joven Rick Hoyt depende de su padre para todo: para levantarlo, empujarlo, pedalear con él y arrastrarlo. Aparte de un corazón dispuesto, no contribuye en nada al esfuerzo. Rick se apoya totalmente en la fortaleza de su padre.[2]

Dios quiere que tú hagas lo mismo.

—*3:16 Los números de la esperanza*

Permítele llenar el vacío que otros han dejado. Depende de él para recibir fortaleza y aliento. Observa las palabras de Pablo: «Así que ya no eres esclavo sino hijo; y como eres hijo, Dios te ha hecho también heredero» (Gálatas 4.7).

—*Todavía remueve piedras*

Nuestro Dios no es un Padre para los buenos ratos. A él no le va eso de «ámalo y déjalo». Puedo contar con que estará a mi lado sin importar cómo actúe. Tú también puedes.

—Max habla sobre la vida

«Algún día los muchachos entenderán por qué siempre estaba tan ocupado».

Pero tú sabes la verdad, ¿cierto? La sabes antes de que yo la escriba. Puedes decirla mejor que yo.

Algunos días nunca llegan.

Y el precio de lo práctico a veces es más alto que la extravagancia.

Sin embargo, las recompensas del amor arriesgado son siempre mayores que lo que cuesta.

Haz el esfuerzo. Invierte el tiempo. Escribe la carta. Pide perdón. Da el viaje. Compra el regalo. Hazlo. La oportunidad aprovechada trae alegría. La que descuidas, trae remordimiento.

—Y los ángeles guardaron silencio

AFERRAR CON FUERZA
NUESTROS JUGUETES

Hace poco llevé a mis dos hijas mayores a Sea World [El mundo marino]. Mi esposa estaba de viaje, así que Jenna, Andrea y yo fuimos a pasar el día mirando cómo danzaban los delfines, se metían las morsas y pataleaban los pingüinos.

Pasamos un día estupendo. Salchichas calientes. Helados. Ballenas de peluche. Juguetes, juguetes y juguetes. Las niñas saben que su papá no puede resistirse a un «Por favooooor» de trece letras. Debí haberlo sabido. El tiempo promedio de interés en los parques de diversión es de doce minutos treinta y dos segundos. Después de eso viene:

—Papá, ¿me llevas esto? Me pesa demasiado.

—Te dije que no lo compraras si no podías llevarlo tú.

—Por favooooor.

De modo que cuando finalizó el día cargaba dos juegos de lápiz con lapicera, un par de anteojos, un pingüino inflado, un diente de tiburón (con el resto del tiburón), un peluche tamaño real de «Shamu» la orca asesina, seis globos, y una tortuga viva. (Pues sí, estoy exagerando; solo eran cinco los globos.) Agrega a eso el calor, el sarpullido causado por haber sido salpicado con agua salada, el helado que se chorreó por mi camisa, y ya estaba listo para un descanso.

Por eso me alegró ver la fosa de pelotas plásticas. Esta sola atracción basta para convencerlo que mantenga actualizado su pase de temporada. Es un pabellón grande, cubierto, sombreado, fresco y calmante. Debajo del toldo hay una fosa de un metro con veinte centímetros de profundidad que tiene el tamaño de una piscina en el fondo de una casa. Pero en lugar de estar lleno de agua, está cargada de pelotas... miles y miles de pelotas de plástico, coloridas y livianas.

En el centro de la fosa hay una especie de mesa que tiene unos agujeros por donde salen chorros de aire. Los niños se trepan por la fosa, agarran pelotas, las colocan sobre los agujeros y «¡Yupiiii!»... las pelotas vuelan.

La parte más maravillosa de la fosa es el área para los padres. Mientras los niños ruedan y saltan en las pelotas, los padres se sientan en el piso alfombrado que rodea la fosa, y descansan.

Mi hija mayor, Jenna, lo hizo muy bien. Se sumergía y enfilaba directamente hacia la mesa.

En cambio Andrea, de tres años de edad, tuvo algunas dificultades. Ni bien dio un paso en la fosa, se cargó los brazos de pelotas.

Ahora, es bastante difícil caminar por la fosa hundido en pelotas hasta la cintura con los brazos extendidos haciendo equilibrio. Y con los brazos cargados resulta *imposible*.

Andrea dio un paso y se cayó. Intentó incorporarse luchando sin soltar las pelotas. No podía hacerlo. Comenzó a llorar. Caminé hasta el borde de la fosa.

—Andrea —dije suavemente—, suelta las pelotas y podrás caminar.

—¡No! —gritó, mientras se sacudía y se sumergía debajo de las pelotas. Extendí mis brazos y la levanté. Seguía aferrada a su brazada de tesoros.

—Andrea —dijo su padre sabio y paciente—, si sueltas las pelotas, podrás caminar. Además, hay suficientes pelotas cerca de la mesa.

—¡No!

Dio dos pasos y se volvió a caer.

No se permite que los padres entren a la fosa. Intenté alcanzarla desde el borde, pero no podía. Estaba en algún punto debajo de las pelotas, así que hablé dirigiéndome hacia la zona donde se había caído.

—Andrea, suelta las pelotas para que te puedas levantar.

Vi que había movimiento debajo de las pelotas.

—¡Noooo!

—Andrea —dijo su padre un poco agitado—. Te sería posible levantarte si soltases las...

—¡¡¡¡Nooooo!!!!!

—Jenna, ven a ayudar a tu hermana para que se pueda levantar.

A esta altura los demás padres comenzaban a mirarme. Jenna se desplazó por el lago de pelotas hacia el lugar donde estaba su hermanita. Metió la mano dentro de la fosa e intentó ayudar a Andrea a incorporarse. Jenna no tenía la fuerza suficiente y Andrea no podía ayudar porque seguía aferrada a las mismas pelotas que había agarrado al principio.

Jenna se enderezó y mirándome, sacudió la cabeza.

—No la puedo levantar, papá.

—Andrea —dijo con fuerza su padre, cuya irritación iba en aumento—, ¡suelta las pelotas para que te puedas levantar!

El grito que venía de lo profundo de las pelotas sonaba apagado, pero claro.

—¡¡¡¡Nooooo!!!!!

Maravilloso, pensé. *Ella tiene lo que quiere y seguirá aferrada aunque eso la mate.*

—Jenna —dijo con firmeza su padre visiblemente enojado—. Quítale esas pelotas a tu hermana.

Jenna se zambulló, hurgando por las pelotas como un cachorro que cava en la tierra.

Supe que había encontrado a su hermanita y que las dos luchaban a muerte cuando comenzaron a desplazarse olas de pelotas sobre la superficie de la fosa.

A esta altura los demás padres estaban susurrando y señalando. Miré con expresión de desaliento al empleado que vigilaba la fosa. Ni tuve que decir palabra.

—Entre —me dijo.

Me desplacé a través de las pelotas hasta donde estaban mis dos ángeles, las separé, puse una debajo de cada brazo, y las llevé hasta el centro de la fosa. Las dejé junto a la mesa (los demás niños se alejaron corriendo cuando me vieron venir). Después marché de regreso hasta el costado de la fosa y me senté.

Al contemplar a las niñas mientras jugaban con las pelotas, me pregunté: «¿Qué es lo que lleva a los niños a inmovilizarse aferrándose tan fuertemente a los juguetes?».

Sentí una punzada al aparecer una respuesta. «Sea lo que fuere, lo aprendieron de sus padres».

La determinación de Andrea de mantener agarradas esas pelotas no es nada comparado con la forma que tenemos de prendernos a la vida. Si piensas que era difícil la tarea de Jenna de quitarle las pelotas a su hermana Andrea, intenta hacernos soltar nuestros tesoros terrenales. Trata de quitarle a una persona de cincuenta y cinco años su cuenta de jubilación. O trata de convencer a un joven profesional con éxito para que ceda su BMW. O prueba tu suerte con el guardarropas de alguna persona fascinada por su vestuario. Por nuestra manera de aferrarnos a nuestras posesiones y centavos, se diría que no podemos vivir sin ellos.

Eso duele.

—*Aplauso del cielo*

La oración ferviente de una persona
justa tiene mucho poder y da
resultados maravillosos.

Santiago 5.16 NTV

VER A TU PADRE CARA A CARA

lgunos años después del fallecimiento de mi papá recibí una carta de una dama que lo recordaba. Ginger tenía solo seis años cuando su clase de escuela dominical preparó unas tarjetas de saludo para enviar a las personas enfermas de la congregación. Con papel de construcción, hizo una tarjeta color púrpura muy brillante cubriéndola con calcomanías. Adentro, escribió: «Te quiero pero, por sobre todo, Dios te ama». Su mamá horneó un pastel y las dos lo fueron a entregar.

Papá estaba postrado en cama. El fin estaba cerca. Su quijada tendía a caerse, dejando su boca abierta. Podía extender la mano, pero por la enfermedad, la tenía agarrotada.

En un momento en que Ginger se quedó sola con él, le hizo una pregunta que solo una niña de seis años puede hacer: «¿Te vas a morir?».

Él le tocó la mano y le pidió que se acercara. «Sí. Me voy a morir. ¿Cuándo? No lo sé».

Ella le preguntó si tenía miedo de irse. «Me voy al cielo», le respondió.

«Voy a estar con mi Padre. Estoy listo para verlo cara a cara».

En eso, regresaron su mamá y la mía. Ginger recuerda:

Mi madre consoló a tus padres intentando sonreír; en cambio yo me reí de verdad. Él hizo lo mismo y me guiñó un ojo.

Mi propósito al contarte todo esto es porque mi familia y yo estamos saliendo para Kenya. Llevaremos a Jesús a una tribu en la costa allí. Estoy asustada por mis hijos, porque sé que habrá muchas incomodidades y pueden enfermarse. Pero en cuanto a mí, no tengo miedo porque lo peor que me podría pasar sería «ver a mi Padre cara a cara».

Fue tu papá el que me enseñó que la tierra es solo un lugar de paso, y la muerte no es más que un nacer otra vez.

Un hombre a punto de morir haciendo un guiño con solo pensar en eso. ¿Despojado de todo? Solo en apariencia. Al final, papá aún tenía lo que nadie le podía quitar. A fin de cuentas, eso es todo lo que necesitaba.

—*Saldrás de esta*

Dios es el padre que va de un lado para otro en el balcón. Sus ojos están bien abiertos, buscando. Su corazón está cargado. Busca a su pródigo. Busca en el horizonte, anhelando ver la silueta familiar, el andar distintivo. Su preocupación no es la empresa, sus inversiones ni sus posesiones. Su preocupación es el hijo que lleva su nombre, la criatura hecha a su imagen. Tú. Él te quiere de vuelta en casa.

—*Y los ángeles guardaron silencio*

DETENIDO POR UN ATAJO

Cuatro de julio. Todo era rojo, azul y blanco. Mi cara era roja, las nubes blanco algodón y el cielo azul brillante. Lo rojo de mi cara no era producto del bronceado, sino de la humillación. Denalyn me lo había advertido: «Recuerda, Max, el nivel del lago está bajo». La profundidad era un llamado de alerta: diez metros, luego un metro, medio metro y finalmente treinta centímetros. Las boyas de advertencia se movían caprichosas sobre las ondas. Pero, ¿le hice caso a Denalyn? ¿Puse atención a la lectura del radar de profundidad? ¿Me fijé en el nivel del agua según los marcadores?

¿Quién iba a tener tiempo para tales trivialidades? Mis tres hijas adolescentes y sus amigos contaban con mi habilidad de navegante para un sábado de diversión. Yo no los iba a defraudar. Me puse anteojos para el sol y un sombrero de grandes alas, puse el pie en el acelerador y partimos. *¡Zum!* Cinco minutos después, *¡bum!* Llevé el bote hasta un banco de arena.

Los pasajeros se tambalearon hacia delante. Yo mismo estuve a punto de salir disparado. Siete pares de ojos cayeron sobre mí. Alguien menos inteligente que yo les habría dicho que entre todos empujáramos el bote para devolverlo al agua.

Pero no yo. No Max, el del acelerador alegre. No, señor. Yo era el capitán de un fuera de borda, el soberano del lago. Yo liberaría el bote solo, como todo un hombre. Así es que volví a apretar el acelerador.

El bote ni se movió.

«Max», me dijo Denalyn, con el máximo de amabilidad que pudo, «¿qué vamos a hacer ahora?». Traté de alzar el timón. Estaba doblado como las orejas de un perro. Esta vez no tenía alternativa, de modo que empujamos el bote hasta que lo vimos flotando. Cuando quise arrancar el motor, el bote empezó a vibrar como una carcacha con tres ruedas. La velocidad que alcanzamos fue de menos de dos kilómetros por hora. A medida que avanzábamos traqueteando por el lago, los demás vacacionistas se quedaban mirándonos y los niños refunfuñaban, me pregunté: *Y bien, capitán Max, ¿en qué estabas pensando?*

Ahí estaba el problema. ¡Yo *no estaba* pensando! Mi estupidez se había empeorado porque había hecho una mala decisión con un impulso aun peor. Perdonable en un bote. Pero, ¿en la vida? [...]

Tiempos turbulentos te tentarán a que te olvides de Dios. Atajos te atraerán. Los cantos de sirena resonarán en tus oídos. Pero no seas necio ni ingenuo. Haz lo que agrada a Dios. Nada más, nada menos. Y por amor al cielo, piensa dos veces antes de apretar ese acelerador.

—*Saldrás de esta*

En él están escondidos todos los tesoros de la
sabiduría y el conocimiento.

Colosenses 2.3 NTV

DIRECCIONES DE UNA HIJA

En un viaje al Reino Unido, nuestra familia visitó un castillo. En el centro de los jardines había un laberinto. Vuelta tras vuelta de setos altos hasta los hombros, que llevaban a un camino sin salida tras otro. Siga satisfactoriamente por el laberinto y descubra la puerta a una elevada torre en medio del jardín. Si miras las fotos de nuestro viaje, verás cuatro de los cinco miembros de nuestra familia de pie en la cima de la torre. Pero alguien está aún en tierra... ¿Imaginas quién? Yo estaba atollado entre el follaje. No podía encontrar el camino correcto a tomar.

Ah, pero entonces oí una voz desde arriba. «¡Mira, papá!». Miré hacia arriba y vi a Sara, quien observaba desde la torrecilla en la cima. «Estás yendo por el camino equivocado —explicó ella—. Regresa y da vuelta a la derecha».

¿Crees que confié en ella? No tenía que hacerlo. Pude haber confiado en mis propios instintos, haber consultado a otros turistas confundidos, haberme sentado a hacer pucheros y a preguntarme por qué Dios dejaría que me ocurriera esto.

Sin embargo, ¿sabes qué hice? Escuché. La posición de Sara era más ventajosa que la mía. Ella estaba sobre el laberinto. Podía ver lo que yo no podía. ¿No crees que deberíamos hacer lo mismo con Dios? «¿No está Dios en la altura de los cielos?» (Job 22.12). «Excelso sobre todas las naciones es Jehová, sobre los cielos su gloria» (Salmos 113.4). ¿No puede él ver lo que se nos escapa? ¿No quiere él sacarnos y llevarnos a casa? Entonces deberíamos hacer lo que Jesús hizo.

Confía en la Biblia. Duda de tus dudas antes que dudar de tus creencias. [...] Dios está constante y agresivamente comunicándose con el mundo por medio de su Palabra. ¡Dios aún está hablando!

—Mi Salvador y vecino

Años atrás, un amigo me dio este consejo: «Haz una lista de todas las vidas que impactaría tu inmoralidad sexual». Y la hice. De vez en cuando la vuelvo a leer. «Denalyn. Mis tres hijas. Mi yerno. Mis nietos en vías de nacer. Cada persona que ha leído alguna vez uno de mis libros u oído uno de mis sermones. Mi equipo editorial. El personal de la iglesia». La lista me recuerda que un acto de inmoralidad es una pobre permuta por una vida de patrimonio perdido.

Papás: ¿quebrarían ustedes intencionalmente el brazo de su hijo? ¡Por supuesto que no! Tal acción violaría cada fibra de su ser moral. Aun si se envuelven en una actividad sexual fuera de su matrimonio, traerían mucho más dolor a la vida de su hijo que si le rompieran un hueso.

—*Saldrás de esta*

Cuando mi hija mayor estaba en la escuela secundaria, se postuló para estar en la directiva estudiantil. Tenía un eslogan buenísimo: «¡Vota por Jenna, tu alternativa ganadora!». Perdió por un voto. Cuando escuché la noticia, recluté la ayuda de algunas amigas para crear un enorme letrero para el patio. Corría de un lado a otro de nuestra casa. Cuando Jenna llegó al camino de entrada, leyó estas palabras: «Jenna, todavía eres nuestra alternativa ganadora!».

—Max

CUBRIR EL ERROR DE UN HIJO

El banco me ha enviado un aviso de sobregiro en la cuenta corriente de una de mis hijas. A las que ya están en edad universitaria las insto a vigilar sus cuentas. Pero aun así, a veces se pasan.

¿Qué debo hacer? ¿Dejar que el banco absorba la diferencia? No lo hará. ¿Enviarle una carta de amonestación? Quizás más tarde eso la ayude, pero no satisfará al banco. ¿Llamarla por teléfono y pedirle que haga un depósito? Sería como pedir a un pez que volara. Conozco bien su liquidez. Cero.

¿Transferir dinero de mi cuenta a la de ella? Me parece la mejor opción. Después de todo, me quedaban $25,37. Suficiente para mantener abierta su cuenta y pagar el recargo del sobregiro.

Además, esa es mi misión. No te entusiasmes. Si te sobregiras, no me llames a mí. Porque mi hija puede hacer algo que tú no puedes: me puede llamar papá. Y es por eso que hice lo que haría cualquier papá: subsanar el error de su hija.

Cuando le dije que se había sobregirado, respondió que lo sentía. Pero no ofreció hacer depósito alguno. Estaba en cero. Pero tenía una alternativa. «Papá, ¿crees que podrías...». La interrumpí.

«Cariño, ya lo hice». Cubrí su necesidad antes de que ella supiera que la tenía.

—*Cura para la vida común*

Al llamarnos a casa, Dios hace lo que cualquier padre haría. Proveernos un lugar mejor para descansar.

—*El trueno apacible*

TRAE TUS HIJOS A JESÚS

«Deja correr el llanto de tu corazón como ofrenda derramada ante el Señor. Eleva tus manos a Dios en oración por la vida de tus hijos» (Lamentaciones 2.19). Padres, esto es algo que podemos hacer. Podemos ser intercesores leales y tenaces. Podemos llevarle a Cristo los temores que tenemos como padres. En efecto, si no lo hacemos, vamos a descargar nuestros temores en nuestros hijos. El temor convierte a algunos padres en guardias de prisión paranoicos, que vigilan cada minuto y le hacen un chequeo a los antecedentes de cada amigo. Reprimen el crecimiento y comunican falta de confianza. Una familia que no provee lugar para respirar, sofoca al hijo.

Por otro lado, el temor también puede crear padres permisivos. Por temor de que su hijo se vaya a sentir demasiado confinado o limitado, bajan todos los límites. Mucha importancia a los abrazos y poca a los límites. No se dan cuenta de que la disciplina apropiada es una expresión de amor. Son padres permisivos. Padres paranoicos. ¿Cómo podemos evitar los extremos? Al orar.

La oración es el recipiente en el cual se vierten los temores de los padres para que se enfríen. Jesús dice muy poco en cuanto a la crianza de los hijos, no hace ningún comentario sobre dar nalgadas, o darle pecho a un niño, o las peleas entre hermanos, o la educación escolar. Pero sus acciones hablan muy alto en cuanto a la oración. Cada vez que un padre o madre ora, Cristo le responde. ¿Cuál es su mensaje principal para los padres y las madres? Traigan a sus hijos a mí. Críenlos en un invernadero de oración.

Cuando los despidas por el día, hazlo con una bendición. Cuando les digas buenas noches, cúbrelos con oración. ¿Está teniendo problemas tu hija con la tarea de geografía? Ora con ella en cuanto a eso. ¿Se siente intimidado tu hijo por la nueva muchacha? Ora con él sobre ella. Ora pidiendo que tus hijos tengan un significado profundo de su lugar en este mundo y un lugar celestial en el próximo.

—*Sin temor*

TU NOVIO QUE VIENE

Jesús eleva los funerales al mismo nivel de esperanza de las bodas. Desde esa perspectiva, el viaje al cementerio y caminar por la nave central de la iglesia en una boda garantizan la misma clase de entusiasmo. Este punto nos toca muy de cerca puesto que en nuestro hogar estamos en plenos preparativos para una boda. Estoy usando «estamos» en forma bastante amplia. Denalyn y nuestra hija Jenna están planeando la boda. Estoy sonriendo, asintiendo con la cabeza y firmando cheques. Nuestra casa es un bullicio constante de trajes de novia, pasteles de boda, invitaciones y recepciones. Se ha fijado la fecha, se ha reservado la iglesia y el nivel de emoción es alto. ¡Las bodas son buenas noticias!

Lo mismo dice Jesús de los entierros. Ambos celebran una nueva era, nombre y casa. En ambos el novio se lleva a la novia del brazo. Jesús es tu novio que viene. «Vendré por ti». Él se va a encontrar contigo en el altar. Tu mirada final de la vida será seguida por tu primera vislumbre de él.

—*Sin temor*

Dios tiene compasión por los padres que sufren. ¿Nos debería sorprender? Después de todo, Dios mismo es padre.

—Sin temor

JESÚS RESPONDE LAS ORACIONES DE UN PAPÁ

S i estás lidiando con la oración, tengo justo al hombre para ti. No te preocupes, no se trata de un santo monástico. Ni de un apóstol de rodillas callosas. Tampoco se trata de un profeta cuyo segundo nombre es Meditación. O de una persona tan santa que nos recuerde hasta qué punto debemos profundizar en la oración. Es justamente todo lo opuesto. Es un compañero en la fumigación de cultivos. Un padre de un hijo enfermo que tiene necesidad de un milagro. La oración del padre no es gran cosa pero la respuesta y el resultado nos recuerdan: el poder no está en la oración; está en el que la oye.

Oró en su desesperación. Su hijo, su único hijo, estaba poseído por un demonio. No solo era sordo, mudo y epiléptico, sino que también estaba poseído por un espíritu maligno. Desde la infancia del muchacho, el demonio lo había lanzado en el fuego y en el agua.

Imagina el dolor del padre. Otros padres podían observar cómo sus hijos crecían y maduraban; él solo podía observar cómo el suyo sufría. Mientras otros enseñaban a sus hijos un oficio, él solo intentaba mantenerlo con vida.

¡Qué desafío! No podía dejar solo a su hijo siquiera por un minuto. ¿Quién sabía cuándo sobrevendría el siguiente ataque? El padre debía permanecer de guardia, atento las veinticuatro horas del día. Estaba desesperado y cansado y su oración refleja ambas cosas.

«Si puedes hacer algo, ten compasión de nosotros y ayúdanos» (Marcos 9.22).

Escucha esa oración. ¿Te suena valiente? ¿Confiada? ¿Fuerte? No lo creo.

La oración no era su fuerte. Y la suya no fue gran cosa. ¡Hasta él mismo lo reconoce! «¡Sí! Creo», exclamó de inmediato el padre del muchacho. «Ayúdame en mi poca fe» (Marcos 9.24).

Esta oración no está destinada a formar parte de un manual de adoración. Ningún salmo resultará de esta expresión del hombre. La suya fue sencilla; no hubo encanto ni cántico. Pero Jesús respondió. Respondió no a la elocuencia del hombre, sino a su dolor.

—*Todavía remueve piedras*

Si alguna cosa es importante para ti, lo es también para Dios.

Si eres padre sabes esto. Imagínate si encontraras una herida infectada en la mano de tu hijo de cinco años. Le preguntas qué le sucede y él te dice que tiene una astilla. Le preguntas cuándo le ocurrió. ¡Él te contesta que fue la semana pasada! Le preguntas por qué no te lo dijo antes y él te responde: «No quería molestarte. Sabía que tenías mucho que hacer administrando la casa y otras cosas por el estilo y no quería ser un estorbo».

«¿Ser un estorbo? ¡Ser un estorbo! Soy tu padre. Eres mi hijo. Mi responsabilidad es ayudar. Cuando sufres yo también sufro».

—*Todavía remueve piedras*

UNA OBRA EN PROGRESO

Todo lo que merece la pena lleva tiempo. El vino. Las esculturas. Los cuadros. Los puentes. Sin embargo, queremos que hijos perfectos saquen calificaciones perfectas y entren en la universidad perfecta.

¿Suena perfecto? Claro.

¿Suena probable? No.

Ten paciencia. Tu cónyuge, tu empleo, tu casa, tus hijos no serán perfectos, al menos no de esa forma. Con el tiempo y con trabajo duro, las cosas se ponen en su lugar. Quizá no perfectas, pero sí perfectamente bien.

Dios no ha acabado contigo tampoco. Aún está desenmarañando los líos de tu matrimonio. Les está dando los toques finales a tus hijos. Tu hogar está en obras.

Ten paciencia y no te des por vencido antes de que el Maestro diga con un gesto de aprobación: «Bien hecho».

—*Max habla sobre la vida*

Denalyn y yo hemos aplaudido y celebrado cada avance que nuestras hijas han hecho. Su madurez y movilidad es buena y necesaria, pero espero que nunca lleguen al punto de que estén demasiado crecidas como para no llamar a papá.

—*El trueno apacible*

Jesús hizo por nosotros lo que yo hice por mis hijas en la tienda del aeropuerto La Guardia, en Nueva York. El letrero sobre las piezas de cerámica decía: no tocar. Pero el deseo era más fuerte que la advertencia, y ella la tocó... y se cayó. Cuando miré, la pequeña Sara, de diez años, sostenía los dos pedazos de la ciudad de Nueva York recortada contra el horizonte. Al lado de Sara había un gerente preocupado. Sobre ambos estaba la regla escrita. Entre ellos se hizo un silencio nervioso. Mi hija no tenía dinero. Él no tenía misericordia. Por eso hice lo que los papás hacen. Tomé cartas en el asunto. Le pregunté: «¿Cuánto le debemos?».

¿Por qué yo debía algo? Simple. Ella es mi hija. Y puesto que no podía pagar, yo lo hice.

—*Mi salvador y vecino*

NUESTRO TRABAJO MIENTRAS TANTO: CONFIAR

E s una escena sencilla. El Padre se ha ido por un breve tiempo. Pero regresará. Y mientras esto sucede, quiere que sus hijos vivan en paz.

Yo quiero lo mismo para mis tres hijas.

Las dejé anoche para poder terminar este libro. Con un beso y un abrazo, salí por esa puerta pero les prometí que volvería. ¿Era mi deseo dejarlas? No. Pero este libro necesitaba algún trabajo, y la editora necesitaba un manuscrito de modo que heme aquí, en un escondite, aporreando el teclado de una computadora. Hemos aceptado el hecho que es necesario un tiempo de separación para poder terminar el trabajo.

Mientras estamos separados, ¿quiero que se sientan incómodas? ¿Quisiera que tuvieran miedo de mi regreso? No.

¿Y si lo negaran? ¿Me sentiría contento de oír que han quitado mi foto de la pared y han eliminado mi puesto de la mesa y rehúsan hablar de mi retorno? No lo creo. ¿Y el disgusto? «Ojalá papá no vuelva antes del viernes en la noche porque acuérdate que tenemos ese *party* soñado que no nos queremos perder». ¿Seré yo una especie de papá aguafiestas que con mi venida lo voy a echar todo a perder?

Bueno, quizás yo lo sea, pero Dios no. Y si él es parte de nosotros, pensar en su retorno no tendría por qué disgustar a sus hijos. Él también está lejos de su familia. Él también ha prometido regresar. Él no está escribiendo un libro, sino que está escribiendo historia. Mis hijas no entendían todas las complicaciones de mi trabajo; nosotros no entendemos todos los detalles del suyo. ¿Pero qué tenemos que hacer mientras tanto? Confiar. Pronto se terminará de escribir el último capítulo y él aparecerá en la puerta. Pero hasta que eso suceda, Jesús dice: «No se angustien. Confíen en Dios y confíen también en mí».

—*Cuando Cristo venga*

NOTAS

1. Jack Canfield y Mark Hansen, *Chicken Soup for the Soul* (Deerfield Beach, FL: Health Communications, 1995), p. 273 [*Sopa de pollo para el alma* (Deerfield Beach, FL: Health Communications, 1995)].
2. David Tereshchuk, «Racing Towards Inclusion» Team Hoyt, http://franklyspeakingnow.com/Team_Hoyt.html.

FUENTES DEL MATERIAL

Todo el material usado en este libro fue originalmente publicado en los libros que aparecen a continuación, o predicado en sermones por Max Lucado. Todos los derechos de las obras originales son propiedad del autor, Max Lucado.

Dios se acercó. Miami: Vida, 1992.
Seis horas de un viernes. Miami: Vida, 1992.
Y los ángeles guardaron silencio. Miami: Unilit, 1993.
Todavía remueve piedras. Nashville: Grupo Nelson, 1994.
Cuando Dios susurra tu nombre. Nashville: Grupo Nelson, 1995.
Aplauso del cielo. Nashville: Grupo Nelson, 1996.
El trueno apacible. Nashville: Grupo Nelson, 1996.
Con razón lo llaman el Salvador. Miami: Unilit, 1997.
En manos de la gracia. Nashville: Grupo Nelson, 1997.
La gran casa de Dios. Nashville: Grupo Nelson, 1998.
Como Jesús. Nashville: Grupo Nelson, 1999.
Cuando Cristo venga. Nashville: Grupo Nelson, 2000.
Él escogió los clavos. Nashville: Grupo Nelson, 2001.
Un amor que puedes compartir. Nashville: Grupo Nelson, 2002.
En el ojo de la tormenta. Nashville: Grupo Nelson, 2003.
Mi Salvador y vecino. Nashville: Grupo Nelson, 2003.
Acércate sediento. Nashville: Grupo Nelson, 2004.
Cura para la vida común. Nashville: Grupo Nelson, 2005.
Enfrente a sus gigantes. Nashville: Grupo Nelson, 2006.
3:16 Los números de la esperanza. Nashville: Grupo Nelson, 2007.
Sin temor. Nashville: Grupo Nelson, 2009.
Max habla sobre la vida. Nashville: Grupo Nelson, 2011.
No se trata de mí. Nashville: Grupo Nelson, 2011.
Gracia. Nashville: Grupo Nelson, 2012.
Saldrá de esta. Nashville: Grupo Nelson, 2013.
Las citas directas de Max fueron tomadas de sermones predicados por él en la Iglesia Oak Hills, San Antonio, Texas.